確実に成果が出る!

職場を活性化する部下育成コーチング

高橋慶治 著

セルバ出版

はじめに

去年、某大学のアメリカンフットボール部のパワハラとも言える選手の指導法が原因で危険プレーをした事件が問題になりました。

私はこの事件を知って、「ああ、適切なコーチングの方法を知らずに、しごきと乱暴な心理操作的指導しかできなかったのだろうな」と残念な気持ちになりました。もし、コーチ陣が適切なコーチングのスキルを学んで指導に活かしていれば、あのような問題は起きなかったと強く思いました。

多くのスポーツチーム、選手、メジャーリーガーから日本代表選手、世界チャンピオン、日本オリンピック委員会でも十数年間強化スタッフとしてコーチングを指導させていただき、その優れた効果を知っているから、です。

さて、コーチングという、単語がビジネスの現場で聞かれるようになって随分立ちます。書店でもコーチング関係の書籍がたくさん並んでおり、ネットでは○○コーチ、△△コーチなど様々なコーチが見受けられます。

日本で「コーチング」という名称の正規の授業を始めたのは、私の勤務する立命館大学大学院の経営管理研究科が日本で最初です。私は２０１１年からコーチングの授業を受け持っています。私の担当しているコーチングは、あくまでビジネスコーチングであってパーソナルコーチングだけではありません。

私は、1997年に国際アセスメント・教育研修機関GAPI社（14か国、本部オランダ）の「コーチング&フィードバック」プログラムを学び資格を得たのが最初のコーチングの学びでした。

このプログラムは製薬会社のMRを中心にした社内におけるビジネスコーチングで、ICF（国際コーチ連盟）のパーソナルコーチングとは異なるもので、職場で上司が部下を開発育成するためのビジネスコーチングでした。

いわゆる最近流行っているコーチングの定義は、「コーチは指示したり教えたりしない。質問をしながら相手の可能性を引き出す」的なものが主だと思います。

私の使っているコーチングの定義は、「コーチングとは、対象者のパフォーマンスを高めるためのコミュニケーションによる支援スキル」というものです。それは、当然教えることも含みます。

GAPI社のコーチング&フィードバックのプログラムをベースにして、NLP（神経言語プログラミング）、解決志向アプローチ、選択理論心理学、交流分析、スポーツ心理学の考えを取り入れ、実際のビジネスとスポーツの現場での実践を通じてつくり上げてきたものです。

本書では、ビジネスコーチングを通して、対象者のパフォーマンスを高める具体的な方法と実践するポイントを紹介しています。さらに、コーチングの実践によって、部下の可能性を最大限に活かすことだけではなく、自分の可能性もより大きく広がっていくことを理解していくことになるでしょう。

2020年3月

高橋　慶治

確実に成果が出る！　職場を活性化する部下育成コーチング　目次

第1章　今なぜコーチングか

第2章　コーチングとは

第３章　コーチングのための基礎スキル

第4章　人間理解のスキル　エニアグラム

第5章　コーチングの種類と指示的コーチング

第6章　支援的コーチング

第7章　コーチングの実践例

第1章　今なぜコーチングか

1　人間関係の希薄化

人間関係の希薄化の時代

現代は、人間関係の希薄化の時代ともいわれています。人とのつながりが薄れているため、コミュニケーションストレスという言葉まで生まれました。その反動でSNSの流行、SNSでつながりを求める人たちが多くいるのかも知れません。

その原因の1つに、ゼネレーションギャップや価値の多様化があげられます。以前は、お酒の席で上司がくだを巻いて、「課長、かんべんしてくださいよ」などと部下にいわれている光景をよく見ました。また、行きつけの飲み屋さんなどで、上司や部下の愚痴をいったりしたものです。

しかし最近は、プロジェクト制でプロジェクトごと招集・解散を繰り返して長期的な関係が築けないとか、プレイングマネージャーも多く忙し過ぎるとか、また上司と飲みにいくとお説教をされるからイヤだ、とか、部下と話しても会話が続かないなどの理由から、職場でのコミュニケーションをとる機会が減ってきているようです。

以前、ニュースで取り上げられていましたが、日本での代表的な大手外資メーカーが人事部の発案で毎週水曜日の定時後に社内飲みニュケーション会を開催し、会議室にアルコールやおつまみを用意して社員同士のコミュニケーションを促進しようする試みを行い、好評だという話もありました。

また、少し前にはコミュ障（コミュニケーション障害）なる言葉も生まれ、うまくコミュニケーションがとれない人が多くなってきているともいわれます。人とコミュニケーションがうまくとれないことが原因になり、メンタルヘルスの問題が生じてしまうといったこともよく聞きます。

コミュニケーションを学ぶ機会

私は企業、学校、スポーツチーム、家族、友人や恋人たちなどの様々な現場やカウンセリング、コーチングを通してコミュニケーションの不具合やトラブルを見てきました。コミュニケーションの不具合、まずいコミュニケーションやミスコミュニケーションがチームやパートナシップでは致命的になってしまうのです。

しかし、コミュニケーションが大事なことは明らかなのに、学校でもあまり教えてくれません。小中高では、話し方の授業や聞き方の授業などは聞かないし、ましてや効果的コミュニケーション、人間関係の築き方などは学ぶことはありませんでしょう。

学んでいない、訓練も受けていなくては、そのスキルは不十分でしょう。それでうまくコミュニケーションを取れと言われても、やり方がわからなければ上手くできないのが当然です。

ＷＨＯ（世界保健機関）の健康の定義に「心身の健康」に付け加えて、「ソーシャル・フィットネス」という考えが入っています。社会への好調な適応ということです。社会の中に自分がフィットしているという感覚、そうした心の状態のためにもコミュニケーションは欠くことができません。

2　パワハラからコーチングへ

蔓延するパワハラからコーチングへ

はじめにで述べたアメフト部のパワハラ的指導は、日本の多くの職場にも共通している部下指導の象徴的事件かも知れません。厚生労働省は様々な労働相談に対応するため、総合労働相談コーナーを設置していて、その中で、圧倒的に多いのが、いじめ・嫌がらせ、いわゆるパワハラに関する相談だといいます。平成30年度の総合労働相談件数の統計によると、８万件を超えており、パワハラの相談が圧倒的に多いそうです。

パワハラが頻発して旧態依然としたマネジメントの職場の生産性が高い訳がありません。

また、日本の風土では上司と部下の関係は師弟関係、師に教えを仰ぐといった受け止め方になりがちで、極端な例だと弟子は師の言うことに絶対服従、理不尽な要求や課題でも拒否できない、技術は見て盗めということもあったりします。

これが行き過ぎるとパワハラになってしまうことは想像に難くありません。

コーチングはイーブンな関係

しかし、本来コーチングというのは、コーチを受ける側とコーチする側の役割はありますが、根柢の考えは人間としてイーブン（対等）な関係が基本になります。お互いが対等な関係になって、気軽にわからないことを率直に聞き、答えることからコーチングははじまります。一方通行のコミュニケーションでは、コーチングは成り立ちません。

コーチングとは、より具体的で実践的なコミュニケーションのためのスキルです。コーチングは、人間としての視野を広げながらも、決して精神論だけで終わるようなものではなく、組織の中で、あるいは個人へのマネジメントの場面で効果的に使っていくことのできる心強いスキルなのです。

また、コーチングの大きな特徴は、コーチを受ける側はもちろんコーチングを行う側も、大きな人間的成長をとげていくことがあげられます。コーチングをうまく使いこなせるようになることでコーチ自身も人望を集めリーダーとして成長していきます。

また、相手の仕事のパフォーマンスが上がることによって、コーチ自身も育て上手として評価もアップするのです。職場の1人ひとりのパフォーマンスがよくなることで、仕事を共にするチーム全体が活気づいて、チーム力が上がり成果にも結び付いてくるでしょう。コーチングはリーダーシップのサブスキルともいわれます。コーチが、コーチングを受けた部下が、周囲を巻き込んで組織全体を活性化させていく、そんな力があります。

リーダーシップのサブスキルとしてのコーチング

本書のタイトル「ビジネスコーチング」とは、まさしくリーダーシップのサブスキルとして仕事の場面で上司やリーダー、先輩が部下のパフォーマンスを高め、組織を活性化していくという意味があります。後に説明するパーソナルコーチング（プロのコーチ）とは異なるものです。

また、コーチングは、人間どうしのコミュニケーションがある限り、どんな立場の人にとっても必ず役に立つスキルであることは、間違いありません。厳しい状況下にあるビジネスの世界で、部下とのコミュニケーションに悩む中間管理職の方に、あるいは上司や先輩との会話や意志の疎通に不安を抱いている新人にも、コーチングはきっと力を与えてくれるでしょう。

3　コーチングは、人を育て生産性を高める

コーチングで育成

コーチングについては、これまでもいろいろ定義されていますが、大事なことは、ビジネスの現場での実践に役立つかどうかということです。コーチングとは、実践の観点からいえば「人の育成」にほかなりません。これまで日本では、スポーツ界でも、学校教育でも、企業でも人の育て方を基本から学ぶことがありませんでした。コミュニケーションと同様に人を育てるのにも、人を育成する考え方、スキル（技術）、やり方が必要になります。それを学ばなければなりません。

ここで問題となるのが、「育成」ということの意味と、コーチとコーチされる者との関係です。コーチングにおいて、育成ということは、その人自らが成長できる、自分の可能性を広げる手助けをす

るということです。

マネジメントとコーチング

マネジメントの世界では、これまでの「人を通して仕事をする」ことから、「人を通して成果を上げる」ことが重視されるようになってきました。任された分野において、経営資源（ヒト・モノ・カネ・時間・情報・技術等）を有効活用して、期待される成果を上げることがマネジメントの定義だとすれば、コミュニケーション・スキルのウェイトはより高まってきています。

経営資源の中でも、もっとも生産性の高い資源が人です。エネルギーを投入していちばん見合うのも人なのです。ところが人の意欲を十二分に活用しているケースは、あまり多く見られないのが実状です。コーチングは、人の意欲をひき出し、パフォーマンスを高めるのにきわめて有効なツールとなります。そのキーワードがエンゲージメントです。

エンゲージメントとは

エンゲージメント（engagement）という言葉をビジネスの分野でしばしば聞くようになってきました。エンゲージメントとは、従業員の会社や仕事に対する愛着心や思い入れといった意味です。エンゲージメントの元の意味は「約束」とか「契約」ですが、婚約指輪のことをエンゲージリングと呼びます。確かに結婚の約束をするのが婚約なのですが、そのベースには愛情や共に幸せを築いていこうという強い想いがあります。

エンゲージメントという言葉は、ビジネスの現場で頻繁に使われてテレビＣＭでも有名になった言葉のコミットメント（commitment）と似ているようですが、使われ方が違います。コミットメントは、「委託」「委任」、また「言質を与えること」「公約」「誓約」「約束」などを意味します。つまり、責任をもって関わること、責任をもって関わることを明言すること、責任を伴う約束をさします。そのベースに愛情や愛着といったニュアンスがなさそうです。

ビジネスにおいてエンゲージメントというと、従業員の会社や仕事に対する愛着心や愛情と解釈されることが多く、さらに、会社と従業員が信頼し合い、互いに貢献し合うことといった意味もあります。まずは、人事とエンゲージメントの関りや、その重要性について確認しましょう。

エンゲージメントと人事

高度成長の時代は、会社は従業員に対し、終身雇用や年功序列の昇進を約束できました。しかし成長が鈍化しデフレ化、少子高齢人手不足社会に入ってからは、これまでのような会社と従業員の主従関係を結べなくなったのです。一時は成果主義の報酬制度に切り替えるなどして従来型の働き方から脱却する試みもありましたが、成果主義であれば、優秀な人材はよりよい条件を求めて転職してしまったりしました。

エンゲージメントが、会社や仕事に対する愛着心や愛情、さらに、会社と従業員が信頼し合い、互いに貢献し合うことといった意味もあるので、エンゲージメントを高めることは、従業員と会社の関係が対等になり、お互いが同じ方向に向かって成長できる可能性が増えます。

エンゲージメントはイーブンな関係

エンゲージメントは、単に従業員の「満足度」を上げるだけでなく、「愛着心」に注目するため業績に繋がるといわれています。愛着心を持った従業員が増えれば、企業は優秀な人材の離職を防ぐことができ、組織力を強化できるからです。

このような感情は多くの場合、会社側の努力もあって初めて従業員側に生じるものです。そのため、最近では「個人と組織がイーブンの関係で、互いの成長に貢献し合う関係」のことを指すとされています。まさしく、コーチングの関係がこれからの組織で求められる理由です。従業員がどの程度、「この組織で自分のありたい姿に向かって成長できる」「自己実現のための努力が組織のビジョンにも貢献できる」と考えているかを測定するというものです。こういったもので現状を把握することが、エンゲージメント向上施策の第一歩となります。

意欲、やる気とエンゲージメント

仕事の成果や人の成長を考えた場合、もっとも重要になるのが、個人のやる気、意欲、エンゲージメントをもたない人は、「やらされている」という意識が強く、そのため仕事の成果があらわれにくいのです。

また、エンゲージメントをもつ人ともたない人では、仕事の体験から得られるものが違います。それは、プロセスそのものに報酬があるかないかといってもいいでしょう。ご報酬がなければ、いい成果は期待できません。この報酬とは、自分自身が成長できるということ、愛情を感じる組織に貢献できるということです。

個人の目指す方向、つまり、夢、ビジョン、自己実現、こうありたい自分、望ましい自分の姿が、愛する組織の目指す方向と重なり合うところにエンゲージメントが生まれます。組織だけでなく、上司やプロジェクトの目指すものと重なりが見いだせたら、そこにもエンゲージメントが生じます。エンゲージメントを呼び起こすことを支援するプロセスが、コーチングの1つのプロセスです。

しかし、現場では「これが私のエンゲージメントだ」「私はこうしたい」といえる人は、多くいないのです。優秀なコーチは、個人のエンゲージメントを呼び起こす力をもっています。

自分らしさとエンゲージメント

エンゲージメントは、自分は「何を大切にして生きていくか」という葛藤と組織や上司のあり方、ビジョン、あなたへの関わり方を通して見つかるものです。しかし、自分らしさ、アイデンティティ（自己同一性）、キャリアアンカー（仕事の動機）がどこにあるのか、よくわからないという人も少なくないでしょう。

自分が何かをしたいと思ったときに、「でも、本当にやりたいのかな?」とか、「どうせ途中で飽きたり中途半端になるかも」などと、自分で自分の可能性を狭めてしまうことがよくあります。つまり、ネガティブな考えで、その葛藤を自分に背負わせてしまうのです。

そんな自分とどうつき合っていくかを考えているときに、建設的なコミュニケーションによりあなたを支え、後ろから背中を押してくれるのも、コーチングなのです。

コーチングは、大人の心とコミュニケーション・スキルをもった人の仕事です。そして、大人になろうとする人の仕事なのです。

4　リアクティブ（受身）からプロアクティブ（積極的）な姿勢へ

指示待ち族、リアクティブな人たち

変化の激しく速いビジネス環境の中で、本当の意味で「人間のもつ能力」に注目が集まっています。経営者はこぞって「主体的に考えて行動できる人」を求めていますが、果たして現実はどうでしょうか。

一般でいう優秀な人とは親や教師のいうことをきちんと聞いて従い、大学や大学院では指導教授にまじめに従って優秀な成績を得たり研究をした人たちでしょう。

若手ビジネスパースンを揶揄する言葉として「指示待ち族」という表現があります。

一般に自分で物事を考えずに言われたことしかできない若者たちを指しています。親や教師、他の大人たちの言うことに真面目に従ってきた〝優秀〟な若者たちがそれに当てはまるのかも知れません。つまり、リアクティブ（受身的）な人たちです。

時代はプロアクティブへ

上司の指示命令によって部下が動くという図式がいっこうに変わらない中で、変化が激しく早いビジネス環境の中では自ら考え動く人が求められます。いわゆる〝指示待ち族〟といった旧態依然としたマネジメントの状況に対して、危機感をもちながらも、「わかっているけれど、具体的にどうすればいいのかがわからない」と思っている人が多いのではないでしょうか。

リアクティブという言葉を使いましたが、その受け身的な態度とは反対の概念としてプロアクティブ（積極的）があります。これは、コーチングのキーワードの1つといえます。これまでは、課題に対してはリアクティブ、つまり、受身の対応、対策した。いわれてから動くのが、リアクティブです。

では、プロアクティブとは、問題が大きくなる前に摘み取っておく、やらなければならなくなる前に先進的にやっておく、といった意味が含まれます。そして、プロアクティブな姿勢はどこからくるのかといえば、やはり時代を読むことと、ヴィジョンや未来志向というところに行き着きます。仕事に前向きに取り組んでいる、もっと自分の可能性を広げていきたいと、ビジョンや未来像をもち未来志向でない限り、プロアクティブははじまらないわけです。

人も組織もプロアクティブへ

業績が芳しくない衰退産業といわれる業種の中にも、ダントツに伸びている、元気のいい企業はあります。そうした企業をよく見ると、過去に囚われず未来志向で、プロアクティブに事業を展開しています。個人レベルでも、プロアクティブに仕事をしている人は、仕事のやり方（ノウハウ）を人に教えるなど、みんなで知識を共有しようという姿勢ができています。

ポジションパワーとパーソナルパワー

では、プロアクティブになるために、「ポジションパワーとパーソナルパワー」について考えてみましょう。ポジションパワーとは、「社長だからいうことを聞け」「部長だから、これをやれ」というように肩書きや権力などによる指示パワーです。パーソナルパワーとは、「○○さんだからやらなくちゃ」「○○さんだったらやりたいよね」というように、その人自身がつくり出しているエンゲージメントにつながるパワーのことです。

パーソナルパワーは、その人に最初からあるわけではなく、実は周りの人がその人の中に認知するものです。周りの人が、その人が何か仕事をして、それをパーソナルパワーとして認めたときに、それが存在するということです。パーソナルパワーで仕事をするほうが、実際にうまくいきます。「言われたからイヤイヤやるのではなく、私がやりたいからやりました」というように、本人が内発的な動機を引き出すから、もっとも強く、長続きします。そして、コーチングはパーソナルパワーの大きな武器の1つなのです。

5 コーチングは「学習する組織」を生み出す

学習する組織

学習する組織という考えが提起されてから随分経っています。しかし、それが実現しているかというと必ずしもそうではなさそうです。

新たな環境へ適応していくためには、学習による新しいビジネススキルの獲得が不可欠です。といっても、学習しさえすれば、ビジネススキルが身につくわけではありません。学びつづける姿勢を失えば、身につけたスキルはその時点で陳腐化し過去のものとなり、すぐに通用しなくなります。

そこに、自ら学習機能をもった〝学習する組織〟（ラーニングーオーガニゼーション）という考え方が浮かび上がってきます。先見的な理論と実践で知られるマサチューセッツ工科大学のピーター・センゲ教授によれば、学習する組織とは「人々がたゆみなく能力を伸ばし、心から望む結果を実現しうる組織、革新的で発展的な思考パターンが育まれる組織、共通の目標に向かって自由にはばたく組織、共同して学ぶ方法を絶えず学びつづける組織」のことです。

ここで、とくに注目したいのが「共同して学ぶ方法を絶えず学びつづける」というところです。

学習する組織とコーチング

学習する組織の考え方とコーチングは一致しています。コーチング・スキルは学びつづけることで形成されていきます。また、実際のコーチング現場の体験を通じて習熟していくものなのです。

このような体験学習のモデルは、次のようなサイクルをつくります。具体的な体験→内省・観察してよかったところ、悪かったところ、できたこと、できなかったことなどふり返る「内省・観察したことを抽出して一般化、普遍化する」やってみた結果「これがうまくいったのだから、だれだれさんにもうまくいくはずだ」と仮説を立てる。これをくり返していきます。

重要なことは、もう「これでいいんだ」と止まってしまうのではなく、つねに学習をくり返していくことです。個人も同様に、アクション・ラーニングのサイクルをくり返していくことがポイントです。こうしたくり返しの体験学習は、コーチング・スキルに通じています。

6　コーチ自身も同時に成長する

コーチ自身も同時に成長する

学習過程において、もっとも学習効果が高いのは、人に教えることです。人に「こういうことが大事だよ。このスキルを身につけよう」といっていると、教えている本人がいちばんそれを学んでいることになるからです。あるスキルの学習をくり返し、くり返しやっていると、その意味や意義を深く理解していきます。

社会心理学の理論に「認知的不協和」という理論があります。「この技術、スキルが大切だ。お客さまにはこんなコミュニケーションでやろう」などと何度も言っているのに、そう言っている自分自身がやっていなければ矛盾、対立、葛藤という不愉快な感情を持つことになります。

そうすると、「言っている自分がまずやらなければ」とやりはじめます。相手に言っていることが多ければ多いだけ、自らの行動を修正し、不協和を調整していこうという方向に向かうのです。

コーチングにおいても、「仕事はこうやるんだ」、「お客さまのニーズを聞き出して……」といえばいうほど、そのことの重要性を認知します。そして、不協和を修正しようと思うでしょう。

コーチ自らが学ぶ機会

つまり、コーチングはすればするほど、自分自身のクオリティが高まっていくのです。結局コーチングは、コーチがいちばん成長します。

人を教えているときには、それにふさわしいように振る舞ったり、行動したり、考えたりします。人を見て、考えて、心配してということが増えてきて、教えるという役割を通して人間的に成長していくのです。だからコーチはとても得をするのです。

第2章　コーチングとは

1　コーチングとは何か

コーチングの歴史

コーチ（Coach）という言葉はもともと「旅客馬車」の意味で、欧米の長距離バスは、「コーチ」と呼ばれたりする。旅客馬車や長距離バスが乗客を目的地まで連れて行くように、コーチは対象者を彼が目的とする場所（彼の望む成果を上げたり、高い技術を身につける等）まで連れて行く存在です。１８４０年代になると、英国のオックスフォード大学において、受験指導をする個人教師をコーチと呼ぶようになり、その後スポーツのボートも指導者がコーチと呼ばれ、他のスポーツ競技にも広がったといいます。

マネジメントの分野では、１９５０年代ハーバード大学のマイルス・メイス助教授が著書"The Growth and Development of Executives"の中で、「マネジメントの中心は人間であり、人間中心のマネジメントの中で、コーチングは重要なスキルである」としています。１９８０年代になると、企業内研修の担当者やコンサルタントが集うＡＳＴＤ（American Society for Training & Development）でも、コーチングが取り上げられるようになり、講師向けの研修マニュアルもつくられるようになりました。１９９０年代には米国で、プロコーチ育成のバーチャル大学が誕生し、また、企業内コーチ育成のための団体が設立され、経営者や管理職にターゲットをしぼったコーチングの研修が行われるようになりました。

定義しているか見てみよう。

コーチングの定義

「人の行動の支援」としてのコーチングを実際に行っている実践者が、コーチングをどのように定義しているか見てみよう。

世界的なコーチングの指導者のＭ・ダウニーは、

「コーチングとは、他者のパフォーマンスと発達を促進する技能」

エクゼブティブ・コーチングのパイオニアのＪ・ウィティモアは、

「コーチングとは、個人の潜在能力を開放し、その人自身の能力を最大限に高めることである」

コーチングとメンタリングの指導者Ｅ・パーソロは、

「コーチングは個人指導と教示（instruction）の形で他者のパフォーマンスと発達を向上させる技術―教示的なアプローチである」

としています。これらを参考に、わたしは、コーチングを、

「対象者のパフォーマンス（成果、いい仕事）向上を目的とするコミュニケーションによる支援スキル」

と定義しています。そのためにコーチは対象者を観察し、傾聴し、質問し、交流し、教え、支援し、導き、権限委譲し、動機づけ、対象者のパフォーマンスを高める。それは、個人と組織（企業）の未来をつくり出していく能力にほかなりません。

2　コーチングの条件

コーチングはウイン・ウインの関係を目指す

世の中、どんなにテクノロジーが進歩しても、人間関係が大事なことは、これからも変わらないでしょう。「だれかに大切にされた」という思いは、「だれかを大切にしたい」という思いにつながります。

コーチングは、相手の成長を願って、その人が行きたいところへ連れて行くこと。その人が行きたいところに自分で行けるように支援することは、コーチ自身の喜びに通じます。つまりコーチングによって、問題解決の「解」と快適の「快」の両方が達成できるのです。コーチングとは、ウイン・ウイン（ＷＩＮ・ＷＩＮ）の関係を目指すものといえるでしょう。

コーチングは、成果をあげることはもちろんですが、お互いに貢献し合う関係、あてにし合う関係がそこにあって、それが周りに広がっていくということが大切になります。それはとりもなおさず「解」と「快」によって、自分が幸福になることでもあるのです。

幸福になるための3要素

オーストリアの精神科医であるアドラーは、人が幸福になるための３つの要素をあげています。

この考え方もコーチングに有益なヒントを与えてくれますので紹介しておきます。

１つ目は、自己受容。自分で自分のことを受け入れるということです。これは、自尊感情、自己効力感といった自分にはいろんなことができるという思いです。ある意味での自信のようなものです。

２つ目は、他者信頼。他人とのいい関係をつくれる。他人と親密な人間関係を築けるということです。

３つ目は、社会貢献感。自分が何かの役に立っているという気持ち、感覚、経験をもてるということです。社会や人間関係の中で、自分は意味のある存在だと感じることです。

アドラーは、この３つをもっていることが、人が幸せになる、幸せを感じる要素だといっています。とりわけ自分自身に敬意をもてない、自分自身を大事にしない、自尊感情の低い人たちが、ウイン・ウインの関係を築けるかというと、なかなかうまくいきません。

現在のビジネス環境において、どれだけの人が職場で自尊感情や他者信頼、社会貢献感を感じているでしょうか。成果主義、能力主義といった言葉は、結果＝その人間の評価であることを象徴しています。悲しいかな、あるコンサルタントは人材のことを「人財」「人罪」と呼んだりしています。成果を出せば「人財」、マイナスになれば「人罪」などと説明していました。人は「財」でも「罪」でもなく、あくまですべての人が尊厳をもった「人間」にほかなりません。

とはいうものの、ビジネスマンである限り、結果を出さなければなりません。しかも数字で客観的に評価される結果が要求されます。そのために、結果を追い求めるあまり、自尊感情も自己受容も押しつぶされてしまうかもしれません。

ビジネスの場で幸福を感じられるように、自尊感情や自己受容の気持ちを育んでいけるようにサポートするのもコーチングの役割なのです。

人と人との信頼関係、パートナーシップを築く

自尊感情もなく疲弊して自分のことを大切に思えない人も、人から愛されたり、信頼されたりすることによって、自尊感情は生まれてきます。人と人との信頼関係をつくっていくためには、パートナーシップを築いていく必要があります。

パートナーシップという概念は、いささか堅苦しくいえば、共通の利害と目標をもった人たちが、義務と献身を前提として、相互利益を得るために結合した関係を意味しています。

コーチングは、このパートナーシップをつくり上げるツール（手段、方法、技術）として、もっとも有効なものです。ビジネスにおけるパートナーシップは、マネジャーと部下とのあいだの、建設的な人間関係の一形態である、ということができます。

あなたの職場の周りを見渡してみてください。きっといろんな悩みを抱えた人がいることでしょう。周囲の人間とうまく話ができない、自分の能力に自信がない、仕事で思うように結果が出ない、やる気がない、精神的ストレスで病んでいる…。

反対に、やる気にあふれた部下がいるけれど、彼を効果的に成長させる指導の仕方がわからない、

こうした上司の悩みも、ビジネスの現場ではよく見られます。

コーチングは、まずパートナーシップを築くことからはじまります。いいコミュニケーション、人との信頼関係を築くことは前提であって、目的は人に貢献することです。人は、人に貢献することによって、自尊感情や他者信頼、社会貢献感を感じることができるようになるのです。人に貢献して役立つということは何よりも幸福感、充実感につながっていきます。

最初は、満足感や自己信頼がなくても、人とのいい関係、パートナーシップをつくることに労力を費やしているうちに、「先輩のおかげで問題解決のヒントが得られました」、「課長のおかげで最近仕事がうまくいっています」といった言葉が聞けるようになるのです。

いわれたコーチの方も、「私も人様のお役に立っているんだ」、「オレも結構いい仕事をしているな」という満足感を得ることができます。部下の仕事の成果を上げるだけではなく、人からあてにされている自分になること。それによってコーチも自尊感情や他者信頼、社会貢献感が高まり、それが幸福感、充実感につながっていきます。こうすることでコーチとコーチされる側はウインーウイン（ＷＩＮ・ＷＩＮ）の関係になれるのです。

コーチングはジャスト・フォー・ユー

コーチングは、「ジャスト・イン・ディスケース（Just in this case）」ではなく「ジャスト・フォー・ユー（Just for you）」を心がけることが大切です。

ジャスト・フォー・ユーというのは、「この場合はこうしろ」、「マニュアルにあるのだからこうしなさい」というのではなく、コーチがしっかり人対象者を見ていて、「あなたは今こういう状態だから、これをやろう」「あなたの強みはそれならば、それを活かしてみたら」ということです。

ジャスト・イン・ディスケースは、マニュアル的にこの場合はこうすべき、人をあまり見ないで、だれでも一律に同じことを、同じようにやらせてしまうことです。つまり、マニュアル的にケースに人を当てはめてしまうのです。

徒弟制度を超える

「とにかくやれ」、「理由は考えるな」といった古い日本的なやり方は、さらに対象者を見ずに、自分のやり方を押し付けるようなところが強いようです。「師匠のいうことには従うものだ。弟子なのだから、口答えするな。いやだったらやめてもいい」というパターンです。それでも残る弟子がいい弟子とみなされます。

必要に応じて、型にはめなければならないこともあります。ここを通らなければ、次を教えられないという段階が、どのビジネスにも、スポーツにもあると思います。ここはコーチングでなくトレーニングとして学ぶべきところです。ただやれ、「ジャスト・ドウ・イット」をきちんといえることも、コーチングには大事なことですが、その際にも、「おまえを型にはめるぞ」と決めつけるのと、「この型は役に立つから学ぶんだ」というのでは、全然違います。

ジャスト・フォー・ユーは、人をよく観察することがベースになりますから、人として、ちゃんと相手に向かい合っているかどうかがポイントになります。

参加者の満足がツアーコンダクターの喜び

いろいろといってきましたが、コーチとは要するにツアーコンダクターのようなものかもしれません。ツアーコンダクターは、ツアー参加者を行きたいところへ旗をもって連れて行きますが、特別に指揮権があるわけではありませんし、行きたくないところへ無理やり連れて行くわけでもありません。

ツアーコンダクターの使命は、何よりも奉仕、サービスにあります。ツアー参加者に旅行を楽しんでもらうことが、ツアーコンダクターの何よりの喜びになります。そのため参加者に満足してもらえるように最大限の力を尽くすわけです。

ツアーコンダクターには、臨機応変な対応力、柔軟性、的確な判断力などが求められます。たとえばローマに行くとすれば、南回りの航路もあれば、北回りの航路もあります。ローマについて、こんなところに行ってみたい、こんなことをしてみたいといった参加者の要望に応えられれば、感謝され、信頼されるでしょう。

ツアーコンダクターをコーチに、旅行参加者がコーチチングを受ける側に置き換えてみると、実践コーチングのあり方のポイントがよく理解してもらえるのではないでしょうか。

馬が道に迷ったときにどうするか。馬がどこへ行きたいのか、それは馬がいちばんよく知っている。この話は心理療法でよく使います。馬の背に乗って、馬が行きたいところに行けるようにサポートしてあげるのが、コーチングともいえます。

たとえ話だけでなく、理論的な学説もあげておきましょう。ハウスのパスーゴール理論というものがあります。パスゴール理論とは、従業員の目標達成を助けることはリーダーの職務であり、目的達成に必要な方向性や支援を与えることは、集団や組織の全体的な目標にかなうというものです。

この理論は、有能なリーダーは道筋（パス）を明確に示して、従業員の業務目標（ゴール）達成を助け、障害物や落とし穴を少なくして、達成までの道筋を歩きやすくする、という確信に由来しています。

3　コーチングの種類

コーチング、カウンセリング、コンサルティング

コーチング関連の本には、たいていコーチングとカウンセリングやコンサルティングとの違いが書かれています。たしかに言葉の定義上からいえば、コーチング、カウンセリング、そしてコンサルティングはそれぞれ異なるものです。

たとえば、カウンセリングはパフォーマンスの向上に必ずしも関連しない場合もありますし、コンサルティングは人に焦点を当てるというよりも、組織の目標に対する問題解決を提供するといっ

た意味合いをもっています。

本書では、コーチングを「対象者のパフォーマンス向上を目的とするコミュニケーションによる支援スキル」と定義しました。

パフォーマンスを上げるためには、コーチング対象者のやる気にも当然、焦点を当てる必要があります。したがって、コーチング対象者の気持ちに焦点を合わせるということではカウンセリングに近いものがあるかもしれません。また、組織のシステム上の課題解決をサポートするという意味では、コンサルティングに近い部分もあるかもしれません。

つまり、コーチングとカウンセリング、コンサルティングは近接しているところ、重なっている部分があるということです。そのことを踏まえたうえで、コーチングとは、こういうものだということをはっきりさせておく必要があります。コーチングの範囲、内容、手順などといったことをはっきりさせることを構造化（システム化）といいます。

パフォーマンスとは

コーチングがパフォーマンス向上のためのコミュニケーション・スキルといっても、何をもってパフォーマンスというのかということを、きちんと決めることがとても大事になります。

一般的な職場では「仕事ぶり」「腕前」「能力」「業績」「成績」「売上」「出来高」、金融業界では投資での「運用実績」「運用成果」、また任務や職務における「実行」や「履行」、ＩＴ業界では「処理能力」「実行速度」、スポーツ業界では「成果」「プレーのでき」「行為」などの意味も持ち合わせています。

ビジネスを中心に人がパフォーマンスを生み出す要素は、

・動機づけ（やる気、意欲）
・能力（知識、技術、経験）
・役割の理解（役割責任、期待役割）

3つと考えることができます。パフォーマンスが低いときは、これらの要素に問題があると考えられます。そうするとコーチングの仕事はこれらの要素を高めることでもあります。

パーソナルコーチングとビジネスコーチング

まず、コーチングの範囲をはっきりさせましょう。コーチングは、ビジネスコーチングとパーソナルコーチングの2つに大別することができます。パーソナルコーチングは、コーチがその分野の専門スキルをもっていなくてもできますが、ビジネスコーチングは、コーチが専門スキルをもっていなければできません。また、組織内での上司と部下という役割の関係で行うことが多いと思います。

ビジネスコーチングとパーソナルコーチングとの区分けのあいまいさが、カウンセリングやコンサルティングとともに、コーチングの意味合いをわかりにくくしています。

パーソナルコーチングでは、相手が答えをもっていて、コーチはその答えを引き出して、設定した目標を達成するまでサポートするのが役割になります。パーソナルコーチングは、いっしょに考える支援的コーチングが主になります。

一方、ビジネスコーチングは、コーチ自身にその専門知識や経験があれば、それを教え、アドバイスをし、フィードバックを与えることもできます。たとえば、プロ野球のバッティングコーチやピッチングコーチを想像してもらえば、おわかりでしょう。

指示的コーチングと支援的コーチング

コーチングには、支援的コーチングと指示的コーチングという違いもあります。これは、むずかしいことではありません。

指示的コーチングとは、メンバーの役割を明確に規定し、５Ｗ２Ｈ＝（なぜ、何を、どこで、だれと、いつまで、どうやって、いくらで）を使って指示し、実際にどうやるかを注意深く観察、指導、フィードバックするのです。具体的には、次のような行動をともないます。

●目的を明確に示し、目標を設定する。
●事前に計画し、スケジュール、進め方を決める。
●学習や作業の手順を伝える。
●お互いの役割を明確にする。
●成果の判定方法を決める。

〔図表１　コーチングの種類〕

＜専門スキルの有無、組織内の役割から＞

ビジネスコーチング

ビジネスコーチングは、コーチが専門スキルをもっていることが前提。また、組織内での上司と部下という役割の関係で行う事が多い。

パーソナルコーチング

パーソナルコーチングでは、相手が答えをもっていて、コーチはその答えを引き出して、設定した目標を達成するまでサポートするのが役割になります。組織の中の役割でなく、個人　的に契約をして行う、専門スキルは必ずしも必要としない。

＜対象者の習熟度・レベルから＞

指示的コーチング

習熟度の高くない者が対象。メンバーの役割を明確に規定し、５Ｗ２Ｈを使って教え、実際にどうやるかを注意深く観察、指導、フィードバックする。主にビジネスコーチングで行われる。

支援的コーチング

支援的コーチングは、双方向型のコミュニケーションを行い、相手の意見をよく聞いて、サポートすることが主体になります。自分自身で問題を解決させることが主眼です。また、自分で選択させ、本人に意思決定させます。

●個々のやり方を教える。

一方、支援的コーチングは、リーダーが双方向型のコミュニケーションを行い、相手の意見をよく聞いて、サポートすることが主体になります。自分自身で問題を解決させることが主眼です。また、自分で選択させ、本人に意思決定させます。具体的には、次のような行動があります。

●相手の業務上または個人的な問題を聞く。
●相手を認め動機づける。
●相手からの提案や意見を歓迎する。
●相手を励まし、自信をもたせる。
●組織の現状、予測、計画（方針）などを説明する。
●自己開示をする。
●相手の問題や問題解決に関する考えを整理確認する。

第3章　コーチングのための基礎スキル

1　コミュニケーションとは何か

コミュニケーションとは

私は、コーチングとはコミュニケーションによる支援スキルと定義しました。では、コミュニケーションとは、どんなものだと思いますか。どんなイメージをお持ちでしょう。

「人と話をすることで心を通じ合わせること」…いろいろ考えられますね。「言葉による心のキャッチボール」と思った人も多いかもしれません。どれも当たっています。

でも皆さん、もしかすると、「言葉のドッチボール」をやっていませんか。

まずいコミュニケーションをたとえてみると、言葉というボールを、相手の取れない所にぶつけ合ったり、あるいは初めから受けることをあきらめて逃げ回ったりしている姿が思い浮かびます。

コミュニケーションとは何か、一番簡単に言うと、「情報のやりとり」と言うことができます。非常に短い表現ですが、次のとおり大切なことが3つ表現されています。

① やりとり、つまり双方向、相互発信、相互受信であること。

② やりとりであって、とりやりではないこと。情報の発信はあって初めて双方向の発信・受信がはじまるということ。

③ 情報には、言語情報と非言語情報があるということ。

コミュニケーションは双方向

一方通行の情報伝達ではコミュニケーションとは言えません。テレビやラジオで一方的に情報を受け取っていることをコミュニケーションとは言えません。最近の地上デジタルテレビ押しボタンでわずかな情報を送ることは可能ですが…

なぜインターネットがこれまでのメディアより有用かというと双方向の情報のやりとりができるからです。インターネットを介してコミュニケーションを行えて人間関係をつくることができるＳＮＳ（ソーシャル・ネットワーキング・サービス）が大流行なのも、スマホを使って簡単に相互の情報やりとりができる点が大きいでしょう。

情報の発信があってコミュニケーションがはじまる

「課長が言ってくれないからですよ、待ってたのに…」

「いや、オレはお前が聞いてくるのを待ってたんだよ、なんで聞いてこない！」

のような会話があったりします。どちらかが情報発信、ボールを投げなければキャッチボールできません。コミュニケーションを行うということは、意識的であれ無意識的であれ情報発信がなければはじまらないのです。それが、この後述べる非言語情報であったとしても。

当然、コーチは自分から情報発信しなければコーチングは始められないかもしれません。それが、質問や情報を求める言葉であるにしても。

コミュニケーションの情報とは

「目は口ほどにものを言う」と言われているように、コミュニケーションでは、必ずしも言葉に出さなくても、顔の表情や態度、ちょっとしたしぐさなどから、相互に自分の気持ちや考えていることが伝わることが多くあります。または口に出した言葉とその言い方、語調、音量、抑揚などが言葉と裏腹なときもあります。そんなとき、人は言葉を信じなかったりします。

コミュニケーションでやりとりされる情報は、言語情報と非言語情報、NVC（ノンバーバル・コミュニケーション）があります。ある意味で、NVCはコミュニケーションのなかで、言語以上に重要な役割を担っているということができます。

NVC研究の第一人者のバードウィステルは、対人コミュニケーションを次のように分析しています。

「二者間の対話では、言葉によって伝えられるメッセージは、全体の35パーセントにすぎず、残りの65パーセントは話しぶり、動作、ジェスチャー。相手との間の取り方など、言葉以外の手段によって伝えられる」と。

さらに、メラービアンによれば、印象の決定要因は7パーセントが言語、38パーセントが音声の特徴、55パーセントが顔の表情によるものであり、音声の特徴と顔の表情とを合わせるとメッセージの93パーセントは非言語であると言っています。

「怒ってなんかいないよ！」と紅潮した怖い顔で語気強く言ったとしても人は信じないでしょう。

〔図表２　ＮＶＣの種類〕

①	身体動作	しぐさ、ジェスチャー、表情、目の動き、視線、瞳の広がり、姿勢
②	身体特徴	身長、体重、体型、体臭や口臭、皮膚の色、髪型
③	接触行動	なでる、打つ、たたく、握手、抱く、押す、引っぱる
④	擬似言語	声量、ピッチ、スピード、声の質、発音、明瞭性、口ごもり
⑤	対人距離	相手との距離のとりかた、座りかた、個人的空間
⑥	人工品	服、メガネ、時計など装身具、化粧、靴
⑦	環境要因	音楽、建築様式、インテリア、照明、温度

すなわち、コミュニケーションの多くの部分はＮＶＣが占めており、いかにコミュニケーションのなかで重要な要素であるかがわかります。

ＮＶＣとは何か

非言語手段によるメッセージの送受信はＮＶＣと呼ばれ、ＮＶＣは言語的要素を除いた音声的特徴、身体各部の動作）、身体的接触、物品、空間および時間などの非言語記号によるメッセージの相互交換である」とされます。いわゆるボディランゲージは、ＮＶＣに入ります。

このＮＶＣには様々な種類があり、ナップは、主に図表２のように７項目に分類しています（図表２）。

コミュニケーションを意識する

私たちは話し上手の人をコミュニケーションがうまいと言ったりしますが、一方で「聞き上手」と言われる人もいます。どうやら、「話す」「聞く」の両方ができないとキャッチボールはうまくいかないようです。

さらに、「話す」「聞く」ときのNVCも想像以上に大切です。自分の「話す」「聞く」の言語内容とNVCを意識してコントロールすることはコミュニケーション上達には欠かせません。可能ならスピーチやコーチングのロールプレー時に動画を撮って観察してみると大きな気づきが得られるかもしれません。

コミュニケーションを学ぶ

コミュニケーションは、大事なものであることは明らかなのに、学校でもあまり教えてもらえません。最近は変わってきているようですが、私たちが学んでいた頃には、コミュニケーションの授業なんて中高はもちろん、関係する学科でしかありませんでした。

「人とコミュニケーションをとりなさい」とは言われても、コミュニケーションをとるにはどのようにしたらいいかは教わっていません。当たり前のことと思われていたのです。

今でも中高で、話し方の授業とか聞き方の授業とかないようだし、自分で探して学びに行くしかなかったのです。昔から話し方教室なるものがあったのでニーズはかなりあったのだとは思います。

コミュニケーション力と人間関係力

コミュニケーションと近い意味合いで使われたりしがちなものに、人間関係があります。コミュニケーションが、情報のやりとり、であるのに対して、人間関係は人間どうしの良好な結びつきのことです。

コミュニケーションにも感情といった人間的な側面はつきものですが、基本的には狭義は「双方向の的確な情報や意思の伝達」がメインで、これが効果的に行える能力がコミュニケーション力です。相手とよい人間関係かどうかは、あくまで、別の問題と考えることができます。コミュニケーション力と人間関係能力は、それぞれがお互いの手段にも目的にもなるものですが、別物と考えることもできます。

人間関係といった場合には、人として信頼できるかどうか、よい関係が築けるか、スキルだけでなく、その人のトータルな（全人的な）問題がいっそう前面に出てきます。

たとえば、仕事関係なら、信頼関係、敬意や尊敬、親しみやすさ、好意、話やすさ、一緒に仕事したいかどうかなど、その人の性格、人柄、仕事ぶり、責任感、思いやり、一貫性、誠実さ、公平公正さなどが人間関係力の大事な要素になるでしょう。

そのためには自己理解や他者理解を深め、高い多様性受容力、いわゆるＥＱ（心の知能指数）、さらには倫理観や道徳性が求められます。

コミュニケーションの大前提

伝言ゲームをちょっと思い浮かべてください。何人かのチームが、ひそひそ話でメッセージを受け渡し、最後の人までそのまま伝わるか。ほとんどの場合、きちんと伝わることはありませんね。

コミュニケーションの怖さは、このように情報を発信したとしてもどのように受け取るか、自分でコントロールできなくなることです。

コミュニケーションの大前提というのがあります。それは、

「コミュニケーションの意味とは、送り手の意図とは全く関係なく、相手が受け取ったものである」

これは、一般意味論やNLP（神経言語プログラミング）で言われるコミュニケーションに関する考えです。

「怒るなよ！　今のはよい意味で言ったんだよ」

「今の発言は悪い意味にしか受け取れないよ！」

となったらそのコミュニケーションで伝わった意味は悪い意味になってしまうのです。意図が肯定的であろうが善意であろうが関係ないのです。

同じメッセージでも、状況人によって受け取り方が違うのです。

コミュニケーションの意味は受取り手の反応

私が授業や研修でのコミュニケーションの説明時によく使う歌があります。仏教の唯識の考え方を示す和歌なのですが、『唯識十章』（春秋社）という本の中で、興福寺の高僧、多川俊映師が述べています。

「手を打てば、鯉は餌と聞き、鳥は逃げ、女中は茶と聞く猿沢の池」

猿沢の池のほとりで誰かが手を「パン、パン」と打ちます。すると池の鯉はこれまでの習慣から餌がもらえるものと思い、岸辺に寄ってきます。また、近くにいた鳥はその音に驚き、飛び去ります。さらに、近くのお店の女中はお客が自分を呼んでいるものと思い、大きな声で「はーい、お茶お持ちしまーす」と返事をする。そのような情景が目に浮かびます。つまり、この歌は同じ１つの出来事であっても、それを受け取る者が違えば、受け取り方が異なることを示しています。

仏教的にはまた手を叩いた音は、音を聞いた者との関係性、つまり縁の中でしか、意味をなさない、という考えを示しています。

同じメッセージでも、相手によって全然伝わるものが違うということを示しています。ですから、人とコミュニケーションをとるときには、メッセージを相手がどんな意味に受け取るか、よく考え、そして確かめないといけません。こちらの意図と違う伝わり方をしないように注意し、違う伝わり方をしたなら、修正をかけながら話を進めなければなりません。

こう言うと難しいようですが、親しく気心の知れた仲間たちの会話では、そうしながら会話をすすめていったりしています。

たとえば、「君って、変わってるよね」と言っても、「そんなに変か？」と不快感を示す人と、「そうでしょ！」って喜ぶ人もいます。

相手の反応によっては、「いや、そういう意味じゃなくてさ」などと、説明しながら会話を続けたりします。

状況が意味を変える

コミュニケーションとは何かというと、いちばん簡単な定義は「情報のやりとり」だと述べました。ここで情報というのは、言葉だけではありません。様々な状況が、そのまま生きた情報になるのです。

誰かに言葉のメッセージを伝えるとき、気をつけるべきなのは、どういう状況かによっても、意味内容が変わってしまうということです。

たとえば、「水を持ってきてくれる？」と言ったら、普段の家庭やオフィスでは、グラス1杯、飲み水を持ってきてほしいという意味と解釈できます。

ところが、倉庫から炎が吹き出しているというときに、「水を持ってきて」と言われたら、グラス1杯で持ってきても、意味がありません。そういうときはバケツで持ってこないといけないわけです。

NVCで普段の挨拶時の笑顔は好意の表現として解釈できますが、お葬式で笑顔の挨拶は「おかしい人」と思われてしまいます。

意図と反応

私たちは、人とコミュニケーションをとるときに、なんらかの反応を期待してアクションを起こします。その「反応」をゴール（目的）とすると、自分の「意図」や予測とのあいだに次の法則が成り立ちます。

「意図≒反応」が近いほど、よいコミュニケーションであると。

たとえば、職場に若い仲間が多いから、話を合わせようと思って、アイドルの話をしてみたとします。「部長も好きなんですか！　仲間ですね」と好意的に受けとめてくれたなら、意図と反応が近いので、よいコミュニケーションです。

ところが、「無理してオレたちに媚びてるんじゃないの」と眉をしかめられたら、期待した反応と程遠いので、よいコミュニケーションではありません。「意図≒反応」を近づけるためには、状況、相手の視点を持たないといけません。相手の反応が意図に反していれば、それは失敗です。

2　コーチはオラフ（ＯＬＡＦ）を意識しよう

オラフ（ＯＬＡＦ）とは

この「オラフ（ＯＬＡＦ）」は次の単語の頭文字を並たもので、人をコーチング、指導、育成する際にポイントとなる聞き方の英語での頭文字を表したものです。それは、

Ｏ…Observe（観察する）

Ｌ…Listen（聴く）

Ａ…Ask（質問する）

F…Feel（感じる）

ということです。コーチングするときには、まず観察、聴く、質問する、そして相手の気持ちを感じることが重要なポイントになるのです。

次にそのそれぞれについて説明しましょう（図表3）。

Observe（観察する）

人を効果的にコーチングするためには、まず第一に対象となる人を観察することです。観察なくしては効果的なコーチングはできません。観察することとは人の知識、スキル、能力およびその他の特性を評価、理解するために必要な最初のプロセスです。対象とする人の適切な評価・理解が効果的なコーチングの基礎です。

そのように効果的に観察するためには、後で述べるキャリブレーションやＳＴＡＲコンセプトが役に立ちます。これは効果的な行動観察のツールです。観察によって情報のやりとりの「観察情報のとり」を行うと言ってもよいでしょう。

L-Listen（聴く）

コミュニケーションとは何かを簡単に表現すると「情報のやりとり」と説明しました。自分から情報を「やり」、つまり、相手からの情報を「とり」、受け取ることであり、そのために、一方通行

〔図表３　オラフ〕

■オラフ(OLAF)とは

<u>0…Observe(観察する)</u>

人を効果的にコーチングするためには、まず第一に対象となる人を観察することです。観察なくしては効果的なコーチングはできません。

<u>L…Listen(聴く)</u>

最初の観察とともに対象者の理解や考え、意見、気持ちやメンタルの状態を効果的に聴くことが必要不可欠です。

<u>A…Ask (質問する)</u>

こちらから質問して話を聴き出すことは大切なことです。また、対象者の言っていることの真意を理解するためにも、質問は力を発揮します。

<u>F…Feel(感じる)</u>

相手がどんな気持ちか、何を言おうとしているのか。「聞く」から「聴く」へと変えることです。「聴く」という字は「心」があります。相手の心、気持ちを理解することが大切です。

にならずに、うまく情報のやりとりを行うことが大切です。

しかし、指導者やコーチと呼ばれる人の中には「情報のやり」にだけ熱心な人がいます。

一方的に教えて、相手の反応には無関心、言いたいこと、伝えたいことだけ話して、相手に話す暇も与えない。これでは情報のやりとり、つまりコミュニケーションは成り立たないでしょう。

最初の観察とともに対象者の理解や考え、意見、気持ちやメンタルの状態を効果的に聴くことが必要不可欠です。相手の理解やメンタルな状態を知ることにより効果的な指導が行えるのです。

A…Ask（質問する）

対象者の話を聴き、その理解やメンタルな状態を知ることは大切です。しかし、すべての相手が話上手ではないでしょうし、積極的にコーチにわかりやすく的確に話したり、理解の程度を示したり、意見を言ったりすることは少ないでしょう。こちらから質問して話を聴き出すことは大切なことです。また、対象者の言っていることの真意を理解するためにも、質問は力を発揮します。

効果的なコーチングのためには、効果的な質問を行うことが大切です。

F…Feel（感じる、共感的理解）

単に観察をしたり、話を聞くだけでなく、相手の気持ちを察することです。話を聞くことは大切なことですが、重要なことは相手の言っていることではなく、相手の言わんとすることを理解することです。相手がどんな気持ちか、何を言おうとしているのか。「聞く」から「聴く」へと変えることです。「聴く」という字は「心」があります。相手の心、気持ちを理解することが大切です。

3　聴くスキル

パーソナルースペースを意識する

私たちは、パーソナルースペースといって、他人に入られたくない身体的な距離をもっています。

そのパーソナル・スペースを侵されると、不快になったり、不安になったりします。かといって遠すぎると、実際の人との距離は心理的な距離に比例するともいわれているので、相手と話をするときに心理的な距離も感じるものです。

したがって、話を聴くときには、パーソナル・スペースを意識して、適切な距離をとることが大事です。

ただ、この距離も、人によって異なります。パーソナル・スペースの距離が近い人もいれば、近くだと圧迫感があって負担を感じる人もいます。距離を置く人もいますから相手に合わせることが必要です。

正面に座る

座って話をするときも、机をあいだに置く、机なしで正面を向いて座るなどケースバイケースです。やはり相手が話しやすい状況がいちばんです。ビジネスでよく用いられるのは、正面に向かう対面法です。この場合、机をはさんで適度な距離をとることが多くなります。フェイス・トゥ・フェイスで対面しますので、相手の表情や動きを逃さず観察することができます。

90度に座る

机の角を利用して90度に座ることもあります。この場合は、一般的には相手との距離は対面法より近くなります。相手を正面から観察できないので、観察力がダウンするというデメリットはありますが、面と向かって観察されていないので、相手が話しやすくなるという利点があるかもしれません。これは後述するアイコンタクトとも関係してきます。

横に座る

居酒屋のカウンターに座っているような座り方です。この横座りは、パーソナル・スペースに入ることになります。相手と同じ方向を向いているため、観察力はダウンします。

心理的な距離はいちばん近くなりますが、客観性が失われる可能性もあります。ラポールをつけるための1つの方法といえるでしょう。

姿勢・態度は相手に合わせる

姿勢・態度は、端的にいえば、「相手よりやや節度をもった鏡になる」ことです。心理学では、これを「ミラーリング」といったりします。つまり、相手に合わせるということです。

相手がリラックスした座り方や、リラックスした表情をしていれば、こちらもリラックスした表情、座り方をしたほうが、ラポールは強化され、相手は話しやすくなるということです。相手が渋い顔をしていたら、こちらも渋い顔。相手に合わせることで、相手は話しやすくなります。

コーチは鏡ですから、相手との視線の位置を合わせることも必要になります。視線の位置を相手と同じレベルに合わせることが、話しやすくなるコツでしょう。

話をしているときに、相手がイライラして動くようならば、こちらもそれに合わせて少し動いてみたりもしてみましょう。相手がどっしりしているときは、こちらも動かずにどっしりと構えましょう。相手のバイブレーション、あるいはパターンに合わせた聴き方をすることが、ラホールを強化し、コミュニケーションを促進していくでしょう。

心理学者は、親しい２人のあいだには、行動の類似性が増加するということをいっています。これを「同調行動」といいます。この行動の類似性は、見た目のビジュアルな姿勢や態度だけでなく、声の大きさ、話し方のテンポ、呼吸も含めて同調しやすくなるということです。

逆に、これらを同調させることで、相手との心理的なつながり、ラホールを強化することもできるわけです。

アイコンタクトをとる

コーチングにおいて、相手に注目することは基本中の基本です。英語でいえば、アイコンタクト。あなたは相手に注目します。相手を見ることによって、「わたしはあなたに関心があります」と非言語情報で伝えているのです。

私たちの脳は、視覚情報が一番に情報量が多いので、関心があるものに視線を向けるという傾向があります。たとえば、テレビニュースを見るときに、私たちは話しているアナウンサーの顔を見てニュースを聞いています。アナウンサーの顔を見ないより、アナウンサーの顔を見てニュースを聞いたほうが、集中して話が聞けることがわかるでしょう。

アイコンタクトで相手に注目し、お互いに適度に視線を合わせながら話をすることが大切です。私たちは、ほんとうに関心があるものを見たときには、その興味のあらわれとして、無意識に瞳孔が開きます。目は心の窓なのです。

こんな経験があると思います。夫が新聞を読みながら、妻の話を聞いています。「ねえ、聞いている？　あなた！」と聞かれ、「聞いている、聞いている」という言い方をしているときは、はっきりいって聞いていないでしょう。

欧米のテキストには、相手の目を見て、話を聞け、話をしろと書いてありますが、文化の違いを考慮する必要があるでしょう。日本人は目を見つめ合って、じっくり話をすることを苦手と感じたり、威圧感を感じたり、プレッシャーを感じたりして、話しにくいと感じる人が多くいるのです。日本人の中には視線恐怖という心理障害の人が欧米より多いといわれています。

視線を合わせなくとも、なんとなく相手の顔のほうを向いて、口元、あご、顔全体に視線が向いていれば大丈夫です。

アイコンタクトで注意してほしいのは、相手の話を聴いているときに、横を向いたり、視線を外したり、キョロキョロしたりしないことです。電話が鳴ったりすると、つい電話のほうを見たりしてしまうことがあるでしょう。

もう1つ大事なことは、時計です。相手と話をしているときに、時間が気になったりすることがあります。相手と話をしながら、チラチラと時計を見るのは、「時間がない、急いでいるんだ。そろそろ終わりにしよう」といった非言語的なメッセージを与えてしまいがちです。話をする際には、時計を腕から外して何気なく見える位置に置いておきましょう。

相手が話をしているときに、黙っていたり、無表情・無反応だったりしてはいけません。「うん、うん」とか「なるほど」とか言葉を返し、うなずいたり、あいづちを打ったりして、表情も相手に合わせることが大事です。表情はミラーリングの1つといってもいいでしょう。

うなずき、あいづちの練習法の一例をあげましょう。よく私は授業や企業研修などで、2人1組になって、「これから○○について話してください。ただし、聴き手はいっさいうなずき、あいづちはしないでください。ただ、目は注目を与えてけっこうです」という実験をします。

そのとき、2つのことが起こります。まず話し手が非常に話しにくくなります。もう1つは、聴き手も集中して聴けない、うまく聴けない、聴くことに専念できないということが起こります。

話を聴くということは、コミュニケーションです。一方的に情報を受け取るだけではコミュニケーションが成立しないことがよく理解できます。

質の高いコミュニケーションは、インタラクティブ（双方向）です。話を聴くということは絶えず聴いています、理解していますよ、という情報発信をしなければなりません。受身であってはいけないのです。

あなたの周りで聴き上手な人を思い浮かべてください。たぶんうなずき、あいづちをきちんとしている人でしょう。

相手の話を促進させる

傾聴スキルとして大事なのは、相手の話を促進させることです。聴き上手というのは、相手を話し上手にさせることと、集中して聴けるという2つの意味があります。相手を話し上手にさせるためには、相手の話を促進させる表現を用いることが大事です。

たとえば、「いろいろ問題があってね」と相手が言ってきたら、「問題があるんだ。ちょっと詳しく話してくれるかな」という具合に、話を促進させるために、話してほしいというあなたの意図や態度を伝えることです。

あなたが大事だなと思う点、気にかかる点、具体的でなくて、抽象的でよくわからない点などを要求して話してもらうことです。とくに抽象的な言葉や一般的な表現であると、STARコンセプトを使っても、何をやったのか、どういう状況だったのかということが詳しく伝わってこない場合があります。どこかで、この聴くスキルの中の促進スキルと、あとでふれる質問スキルによって、詳しく話をしてもらってください。

「その点、もう少し詳しく話して」

「例があれば、それも教えてくれるかな」

「それおもしろいね。その話、もっと聴きたいな」

「他にはどうかな」

というように相手に促進の表現を使って、相手の話を引き出してあげてください。

ただし、一方的な命令口調での促進ばかりでは、尋問のように相手に感じさせかねません。ときには、お願いメッセージや疑問形にしてみます。「そのへんもう少し具体的に話してくれると助かるな」と仮定形にする方法もあります。こうした促進によって、あるテーマや話題、ＳＴＡＲの各要素について、より詳しい情報を得ることができます。

リフレクティブ・リスニング（反映的な聴き方）をする

傾聴のスキルにおいては、リフレクティブ・リスニング（反映的な聴き方）も重要なスキルです。反映的な聴き方というのは、相手の話す事柄の事実、感情、背景などを、聴き手が思いやって自分の言葉に反映させ簡潔に表現する方法です。

リフレクティブ・リスニングには、３種類のリフレクト、反映があります。

①　事実のリフレクト（反映）

話し手が話した内容の事実に注目し、起こったことの事実の客観的な情報を、オウム返しにくり返してあげることです。

例…「浜田君の成績が15％アップしたのですね」
「15％アップしたのですね」
オウム返しをすることで、相手はさらに話し上手になって、話しやすくなります。

② 感情のリフレクト（反映）

話し手が話した内容から、そのことを話し手がどう感じているかという感情面に注目して、その感情を反映、確認します。OLAFのFに対応します。

例…「彼を助けたいのに、全然連絡してこないんで、じれったいんですよ」
「連絡してこないんでじれったいと思っているのですね」

感情の反映は、事実の反映と異なり、より共感性を相手に伝えることができます。共感性を増すためには、事実のリフレクトよりも感情リフレクトを多めにするといいでしょう。

さらに、共感性を増すためには、「バックトラッキング」という技法もあります。これは、相手の感情をあらわす表現の内容と、声、表情なども相手にミラーリングしながらやっていく技法です。「きのう、すごく疲れたよ」といったら、「そうか、すっごく疲れたんだ」というふうに声の質、トーン、表現をまねてくり返します。

もう1つ感情のリフレクトには、明確化のために使う方法があります。相手が必ずしも感情をあらわす言葉を表に出さなくても、相手の感情を感じたら、それをよりはっきりとしたかたちで相手にリフレクトしてあげることです。

たとえば「納期を1か月待ってくれって言うんです。あそこの部長はこの前も納期がおかしいというし、全然こちらの話を聞いてくれないんですよ」とあなたの部下が、眉間にしわを寄せていったとすれば、「そうか、そいつはつらいよな」と、相手の感情を読み取って、その感情を相手に返してあげます。

③　要約のリフレクト

相手の情報や、ときには感情も含めて相手が話していることをまとめて返してあげることです。

「パートさんの人員を減らして最適配置だ、再教育だ、おまけに生産性はアップしろ、何とか不良率を下げろ、と本社から言われて、まいったよ」

「人件費の抑制と人的資源の強化、生産効率の向上など、いきなり求められ大変に思われているのですね」

これには2つの意味があります。１つは相手のいったことを理解し、受け入れたことを伝えるということ。２つ目は、確認です。もし、理解が違っていたら、こちらの要約に対し、「違いますよ。そうではなくて〜」といってくれるでしょうし、正しければ、「そうなんですよ」と答えてくるはずです。

要は、３つのリフレクトをうまく活用して、相手との信頼関係を築き、相手が自分の話をあなたによって理解されたと感じるようにしてあげることです。

沈黙の大切さ

聴き上手になるために、傾聴がうまくいくためにいちばん大切なことは、自分が話したいという誘惑に打ち勝って、黙っていることです。

相手の話を聴いているときに、それは違う、それはおかしいと批判をしたり、そんなことは重要でないと、話の方向をコントロールしたいと思って、口をはさんでしまう人もいます。その話したい誘惑に打ち勝ってください。人の話を聴くのが下手な人は、どちらかというと沈黙が苦手な人が多いようです。

とはいえ、相手がしばし沈黙していることがあります。沈黙がつづくことに耐えられない人もいます。少し沈黙がつづくと話し出したり、質問してみたりすることもあります。また、相手が沈黙しているのは、話す準備をしていることが多くあります。相手が話すことを頭の中で整理したり、思い出したり、あるいははなそうかどうか迷っていたり口をはさむと、話ができなくなってしまうことがあります。

沈黙には意味があるのです。沈黙に耐えられない人は、相手が話し出す準備のための沈黙を自分の恐れから壊してしまうのです。沈黙を恐れてはいけません。前向きで行動力のある積極的な人ほど、話すことが得意で沈黙が苦手な人が多いかもしれません。沈黙に慣れてください。沈黙も大事です。聞き上手は、やはり適度に沈黙を受け入れられるのです。

4　質問のスキル

質問力の重要性

聴き上手は質問上手ともいわれる。そして建設的な質問は新しいアイデアの抄出や課題解決、プロアクティブな行動に必要不可欠でしょう。

特に企業を取り巻く環境は激変しつつあります。ビジネスパースン1人ひとりが、「自ら考え」、「自ら行動する」ことが求められています。

ここでいう「考える」とは、建設的、創造的に考えるということです。すなわち、過去の慣習や経験にとらわれず、常によりよい方策を模索するためには、まったく新しい視点から考えなければなりません。新しいビジネスモデルの創造や未経験の課題への対応などは、そのよい例です。

しかし、それは、自分1人だけではなかなかできることではありません。視点を変えるには、建設的なで多様な視点からの質問をしてもらうことが役立ちます。

したがって、マネジャー・リーダーがコーチングを通して、メンバーに意味ある適切な質問をすることが重要になります。また、コーチ役に限らず、プロジェクトや会議などのメンバー間でも、質問を投げかけあうことが不可欠となります。どちらの場合でも、質問する目的は、建設的な課題解決に他ならないのです。

同時に、質問を受ける側にとっては、自分の中の可能性や能力に気づくということも、当然起こってきます。また、質問する側にとっては、質問するプロセス自体がその対象となる人や物事への興味を喚起し、思考を深めることにつながります。

閉じた質問

質問には、閉じた質問（クローズド・エンド・クェスチョン）と開いた質問（オープン・エンド・クェスチョン）があります。閉じた質問は、イエス・ノー・クエスチョンともいいます。主に情報の確認のために使われます。会話が閉鎖的になりがちで、相手が有用な情報をもっていても、それをいい出す機会を奪ってしまうこともあります。

「結局は、お客さまに伝えたの？　伝えなかったの？」

というように、イエス・ノー・クエスチョンなので、相手がほんとうに大事な情報を言おうとしていたとしても、それを言い出すチャンスを奪ってしまうのです。

閉じた質問は、相手が、抽象的な表現や事実をあいまいにしか表現していない場合など、それが事実であるかどうか確認するのに使えます。ただ、イエス－ノー・クエスチョンをひんぱんに使うと、責められている印象を与えるので、尋問口調、詰問口調に聞こえてしまいます。イエス・ノー・クエスチョンを使うときは、できれば穏やかな口調や柔らかい表現を意識して使いましょう。基本的に、閉じた質問の場合は、「はい、いいえ」で答えられるので相手が答えやすい質問です。

開いた質問

開いた質問は、５Ｗ２Ｈ（いつ、だれが、何を、どこで、なぜ、どういうふうに、いくらで）を使います。開いた質問は、イエス・ノー・クエスチョンに比べて、情報収集という意味合いが強く、相手の意見、相手が伝えたい情報、考え、感情などを導きやすいのです。

「仕事はうまくいっている？」、「はい、いいえ」ではなく、「今の仕事はどんな状況かな」と聞くことで、「実は課長に言いたかったんですけれど、○○は変えたほうがいいと思います」というように、相手が言いたいことを導きやすくなります。

しかし、相手がそのことについて考えていない場合は、「どう思う？」といっても、つまってしまったり、あいまいな返答になったりする場合もあります。抽象的な質問で聞かれると、何を答えていいのか、質問の意図がわからなくて、答えにくいこともあります。

ですから、開いた質問は、より具体的なかたちで伝えるようにしましょう。

とりわけ、「なぜ、どうして（ＷＨＹ）は、注意して使いましょう。「なぜ？　どうして？」という言い方は、攻撃的で、威圧的で、非難がましく、ネガティブに相手に聞こえるためです。

「なぜ？」と詰問調で聞かれたときに、多くの人は防衛的になり言い逃れやつじつま合わせの答えをすることが増えることがあるそうです。「なぜ？」ときつい口調でいうことによって、ラポールが悪くなってきます。

コーチとの関係は、責められる、とっつきにくい、怖いというイメージでとられてしまいます。そうすると、ほんとうに欲しい情報は手に入らず、間違った情報を受け取ることにもなります。

実際、私たちが「なぜ」というときには、賛成できないとき、不快なとき、否定的な思いを伝える場合に多く使います。「なぜ」といいながら、ほんとうは情報がほしいのではなく、相手を責めたてたいときに使ってしまいがちです。当然、相手を防衛的にしてしまうのです。

こんな「なぜ」を使っていませんか。

「なぜ、あらかじめ手を打たなかったんだ」

「時間がなかったもので…」

「時間がないって、なぜ?」

「人手が足りなかったもので…」

「人手が足りないんだったら、なぜもっと早くいわないんだ?」

「そのときはできると思ったので…」

「できなきゃしようがないんだよ!」

誘導的質問を活用する

誘導的質問は、選択を狭め、ある選択に相手を誘導するような質問です。誘導的質問は、漠然とした質問だと、相手が答えにくかったり、考えがまとまっていなかったり、口下手だったり、現状をよく認識していない場合に使ってみてください。

あいまいな答えが返ってくる場合は、ほんとうに知りたい情報が得られず、相手の現状が認識できないということになりがちです。より多くの情報を引き出すために、誘導的質問は有効です。

また、相手が問題意識がないことについては、問題をディスカウントして答える場合もあります。そういう場合は誘導的質問を使ってください。具体的な活用法を紹介しましょう。

前提質問

前提質問とは、あることを前提として質問します。たとえば、「仕事はどう？」ではなくて、「今どんな問題が起きている？」、あるいは「今の仕事について、うまくいっている点と、うまくいっていない点を教えてくれないか？」というふうに質問します。

当然、うまくいっていることと、うまくいっていないことの2つがあるという前提に立って質問してみます。

それでもなかなか答えが返ってこない場合は、「あえて問題があるとすれば、どんな問題がある？」という表現に変えてもよいでしょう。

「いい点と悪い点について、2つ聞かせて」という質問は、二点法という前提的質問です。二点法も含めて誘導的質問は、意識的にコントロールして使いましょう。

「今の仕事でうまくいっている点を探すと、どんな点がある?」というふうに聞くと、うまくいっていることが前提となり、うまくいっている点に相手の意識がフォーカスされます。

満点法(SU法)

スケーリング(尺度化)とも言われ、行動療法という心理療法で使われている方法です。具体的には「今度の製品、納期に間に合う可能性は直観的に100%でいって、何パーセントくらいだ?」とか「100点満点でいうと、今のストレス状態は何点ぐらい?」というように、具体的に数字で答えられるように質問します。

主観的な単位(Subjective Unit)を聞くということで、SU法ともいわれています。スケーリング、満点法、SU法を使うことによって、いい点も悪い点も見つけられます。満点法ではネガティブな部分、ポジティブな部分の両方が見えますから、そこを傾聴スキルの促進やさらなる質問で、情報を引き出すことができます。あまり話さない部下にはぜひ満点法を使ってください。

逆質問で相手のメッセージを受け取る

逆質とは、質問に質問で答える方法です。これは、聴くスキルのところでもふれましたが、いっていることではなく、いおうとしていることを聴きなさいということです。

別の言い方をすると、相手の話のストーリーではなく、メッセージを受け取ります。

「課長、仕事辞めたいと思ったことありますか」

「ないよ。がんばって、はい仕事」

これで終わるのではなく、

「どうしたんだ急に。最近、何かあったのか？」

と、質問には質問で答えていくやり方です。

ただ、深読みしすぎると、妄想的になります。敏感すぎてもいけないし、鈍感すぎてもダメです。少しでもおかしいと思ったら、質問には、質問で返して、相手の真意を探ることが大事です。

5　説明・指示のスキル

何度もくり返し、論理的にわかりやすく説明する

うまく説明して、わかりやすく相手に自分の意図を受け取ってもらうことは、ビジネス・コーチングにとって必須のスキルです。

多くの人が、コミュニケーションのとりにくい人とは、人の話を聞かない人、一方的に話す人、何を言っているのかわからない人、話が長い人、話が飛ぶ人…つまり、伝えたり説明の下手な人だと思っています。

当然、ビジネス・コーチングは、ティーチングも含まれるので、指示的コーチングすることがう

まくなければなりません。何度もいっていますが、自分の意図、思い込みはいっさい関係なく、相手が受け取ったものがコミュニケーションの意味だから、相手に伝えたではなく、伝わったかどうかがいちばん問題になるのです。そのためには、論理的にわかりやすく話すことが大事です。

ある先生は、人は同じ話を6回聞いて、ようやくその6割を理解するといっています。「二度も三度も同じことをいわせるな」、「何度いったらおまえはわかるんだ」という言葉をよく口にしますが、この考えからすると、むしろ足りないのです。

この6回というのは経験から得た喩えだそうですが、繰り返し何度かは言わないと、相手はわからないと思ってください。

大事なことを理解してもらうには、くり返しの原則といって、何度も何度もくり返して、わかりやすく、論理的に説明することが大事です。

論理の3C

わかりやすく論理的に伝える、説明するためには、「論理の3C」、つまり、一貫性（consistency）、脈絡性（context）、わかりやすい表現（comprehensivity）を意識することです。

わかりやすくとは、相手が頭の中で説明されたことをイメージできたり、理解できるような内容で話していくことです。そのためには、論理的であると同時に、後で述べるSDFを意識した、具体的で、描写的で、建設的な方向で説明してください。

建設的であることは、前向き、未来指向、解決志向ということでもあります。とかく私たちは、望ましくない行動の否定形を使うことが多くなります。

「人の話を聞くときは、下向いたり、キョロキョロしたりしないでちゃんと聞け」というような言い方は、建設的思考、解決志向ではありません。ネガティブ志向です。

「人の話は相手を見て、うなずきながら聞くんだよ」といえば、建設的思考になります。

失敗経験や問題点の障害を排除することが成功につながると思いがちですが、これをやってはいけない、これを頻繁にやっていると失敗のイメージが定着してしまうこともあります。ネガティブな問題をしゃべればしゃべるほど、たとえネガティブの否定型であっても、ネガティブな印象が脳に印象づけられます。コーチングは、望ましい結果をサポートするような表現で説明しましょう。

フォーステップで説明する

わかりやすい表現として、一般的には結果、結論を先にいう方法をおすすめします。ビジネスコミュニケーションの場合は、とくに有効です。

そして、結論↓根拠↓具体例↓まとめというフォーステップをたどる表現がわかりやすいと思います。

一例をあげましょう。スポーツのコーチが選手にアドバイスをしています。

「食事について、おまえにアドバイスしたい。いいか、栄養には三大栄養素というのがあるんだ。

たんぱく質と炭水化物と脂肪というのがある。スポーツ選手の場合、体が資本だから、三大栄養素をバランスよく摂ることが必要だ。ところが、おまえの食事を見ていると、どうもバランスがよくない。たんぱく質が足りないようだ。たんぱく質というのは、肉とか魚とかチーズとかミルクだ。これらをちゃんと食べなさい」

「わかりました」

そのあとで、選手になんのアドバイスを受けたか聞いてみると、「三大栄養素の話を聞きました」という答えでした。肉や魚やチーズ、ミルクといったたんぱく質を含んだものを摂りなさいという意図が伝わっていなかったようです。

ちゃんとコーチの意図を選手に伝えるためには、次のようにアドバイスすべきでした。

「おまえの食事を見ていて気になることがある。結論から言うと、たんぱく質が含まれている肉、魚、卵、チーズ、ミルクをとにかくたくさん食べなさい！　というのは、スポーツ選手はたんぱく質、炭水化物、脂肪の三大栄養素のバランスのいい食事を摂ることが大切だ。たんぱく質は、筋肉をつくる原料になる。具体的に言うと、朝昼晩の食事で、肉、魚、卵、チーズ、ミルク、大豆といったたんぱく質を含んだ食物をとにかくこれからたくさん摂るようにしろ。わかったか」

結論↓根拠↓具体例↓まとめの流れで、結論を述べ、その根拠や理由を言って、具体例↓まとめで結論をくり返すことで説得力がアップします。根拠、まとめを付け加えることを忘れないでください。

6 「聞き方・話し方・ふるまい」の訓練をしよう

ソーシャルスキルを学ぼう

他者に対する、聞き方・話し方・ふるまいなどの対話の技術のことをソーシャル・スキル中の対人関係スキルといいます。先に述べた人間関係力と関連するスキルです。

自分がいったこと、やったことが他人に影響を及ぼすことがわかる、ということが人間関係の中ではとても大切なのです。

こうした対人関係スキルは、もともと私たちが持っているものではありません。ですから、サッカーでドリブルがうまくなるように、テニスでサーブが上手になるように、練習をしなくてはうまくなりません。

「バイオリンを弾いてみてください」

と、突然いわれても、すぐにきれいな音色を出すことはできませんよね。スキル（技能）というのは、練習しないと身につかないし、上達しないものなのです。

他者に対する、ふるまいやものの言い方の技術を上げるコツをご紹介しましょう。

これができないと、人の怒りに油を注いだり、追い打ちをかけたりして、人間関係はうまくいかなくなります。

観察する

第一に、相手の反応をきちんとわかろうとすることです。それにはＯＬＡＦの項でも述べましたが観察が必要です。まず、観るのです。

どうやって観るかというと、相手の表情、しぐさ、目の動き、顔色、声の大きさ、声のトーン、話すスピードなどを観察するのです。相手の言動の原因や背景、意図、そしてその人の気持ちを解釈して思いやることが大切です。

ただ聞いて欲しいだけなのか、解決してほしいのか、悲しんでいっているのか、自分をふるい立たせるためにいっているのか、といった視点で感情を解読していきます。

対人目標を決めよう

次に、相手の怒りをなだめよう、悲しんでいるのならなぐさめてあげよう、などの対人目標を決定します。この目標は具体的で、明確なものほど効果的です。

そして、その目標を達成するために、自分はどんな反応をしたらいいのかを決定します。たとえば、うなずく、同意する、姿勢を低くする、声を小さくする、明るい話し方をするなどです。

自己コントロールし実行へ

次は、これも難しいのですが、自分の気持ちを調整します。卑屈になったり、媚びることなく適切な感情のコントロールをします。これには、マインドフルネス瞑想が役に立つでしょう。私は大学院で日本で初めて正規の授業で「マインドフルネス」を開講したのですが、8週間の実践でEQ（感情知能指数）の心理検査の自己認識、感情のコントロール、共感性などが優位によい方向へと変化していました。

そして、最後は実行に移します。ただ単に目標を達成するだけでなく、相互の関係が促進されるような成果をつくることが望ましいでしょう。

効果的なアサーション（自己主張）

こうした、対人関係スキルを持っていないと、人間関係で不必要な摩擦を起こしたり、誤解されたりします。多くの人が「自分は人の話をきちんと聞く人間だ」と思っています。しかし、実は多くの人が、自分のことを話すことのほうが好きで、「話したい」「聞いて欲しい」と思っているようです。コーチングを学ぶと、自分がいかに今まで聴くができていなかったかにも気がつくでしょう。

以前、女子プロゴルファーのメンタルトレーニングとコーチングをしていたとき、彼女がこんな話を始めました。練習場でいろいろな人から、

「最近、調子が悪いんだってね」

「こうしたら成績が上がるんじゃない？」

などといわれて練習に集中できない、そんなときどういう対応をしていいかわからない、というの

です。彼女は、人から何かをいわれることに対して、非常にプレッシャーを感じていました。

このようなとき、ソーシャル・スキルを学んでいないと、どんな返事をしたらいいかもわかりません。彼女はそれで愛想笑いでごまかしていたそうです。

たとえば、そのとき彼女が、「すいません。静かにしてください！　私に話しかけないでください」などと言ったら、相手には「なんだよ、賞金もとれないくせに。プロだからってお高くとまるなよ」などと言われたかもしれません。どうやって対応したらいいかがわからないために、愛想笑いでごまかしてストレスをため込んでしまうことになっていたそうです。

反対に、「応援ありがとうございます。最近、結果が出なくて、次のトーナメントのことで頭がいっぱいなんです。ちょっと集中して練習させてくださいね」とサラッと言ってニコッと笑ったら、それ以降相手は何も言わなかったかもしれません。

ソーシャル・スキルの中には、アサーション（自己主張）や感情のコントロール、ストレス対処など、いろいろなものが含まれます。上手な自己主張法や、自分の気持ちをコントロールすること、人とのコミュニケーションの仕方などを学んでいかないと、よい人間関係を持つことが難しくなるのです。

ラポール（人とのつながり）のつくり方

相手とうまく信頼関係を結べていないと、いくら会話をしてもかみ合わなくなります。そこで、ラポールについてお話しましょう。

ラポールとは、心理学の分野で、信頼関係、よりよい人間関係のことをいいます。

人は、自分と異質な人や共通点が少ない人とは信頼関係を築きにくい、といわれています。

たとえば、研究大好き理系女子が、鼻やくちびるに大きなピアス、タトゥーを何か所もしていて共通点がなさそうな男性に、「ねえ、今日飲みにいこうよ」といわれても積極的にいきたいとは思わないでしょう。また、スーツを着たビジネスマンのあなたに、学生服を着た男子学生が、「親友になってください」といっても、すぐにうち解けて話せる友だちにはなりにくいでしょう。

街を歩いている力ップルを見ても、類似性の法則が見られます。似たようなファッションをしていたり、似た雰囲気を持っているカップルが多いと思いませんか？　これは、自分に似た人と人間関係を持ちやすい、ということの表れです。

謎めいた人と信頼関係が持ちづらいのは、類似性がない、理解できない、という理由があるからなのです。チームや組織、友人の中では、類似性や共通点があるとラポールがつくりやすいといわれ、攻撃性があらわだとラポールがつくりづらい、といわれます。また、威圧的な態度や話すときの位置関係など、その人の印象でラポールは変わるのです。

和顔愛語

赤ちゃんは顔がまん丸で、目や鼻や口が顔の中心に寄っていてかわいらしく見えます。なぜ、かわいく生まれてくるかというと、保護してもらわなくてはいけないからです。赤ちゃんは無防備で弱い存在ですから、こちらが何かをしてあげなくてはいけないのです。

「和顔愛語」という言葉があります。和顔愛語とは、仏教のお経「大無量寿経」にある言葉で、おだやかな笑顔と思いやりのある話し方で人に接することです。無財の七施「財がなくてもできる七通りのお布施」の中の1つです。和やかな表情でおだやかな言葉を使うと、多くの人を気持ちよくさせるキカッケになります。仏教ではこれがお布施になり慈悲行になるのです。

人の顔は変えられません。ですから、声、表情、言動などを、和顔愛語を意識し、よい印象を与えられるようにするとよいのです。

人間関係を改善し意欲を引き出すOKメッセージ

コーチングだけでなく人間関係やモチベーションマネジメントでとても大切なのが、OKメッセージです。

OKメッセージとは、株式会社ソリューションフォーカスの青木安輝氏がつくった表現で、解決志向コーチングでのキーコンセプトの1つです。

この言葉をお借りし、私なりに交流分析のストローク、社会的支援（ソーシャル・サポート）などの考えも加え肉付けしコーチングや人間関係の大切なものとして教えています。

私たちが健康的に生きていくには栄養や衛生、運動また睡眠だけでなく、他の人から自分を認めて（気にかけてもらう、関心をもたれる）もらえること、価値ある存在（大切な意味ある）と認めて貰えることが必要なのです。

反対に周囲から認められず、自分自身で自分のことを否定したりすると人は健康に生きることが困難になるだろうと言われています。

この人の存在や価値を認める行為をＯＫメッセージと呼び、認めない行為をディスカウントと呼んでいます。

ＯＫメッセージとは「ある人の存在や価値を認めるための言動や働きかけ」です。

たとえば、朝起きたときの「おはよう」という挨拶もそうです。

関心を向ける、挨拶、頻繁に声かける、話を聴く、ねぎらい、励まし、慰め、笑顔、ほめ言葉、共感、期待を示す、立場や状況に理解を示す、共同行為（一緒に何かする）、よい点の指摘、好意・敬意を示す、身体接触（握手、ハグ等）、肯定的な驚嘆、感謝、前向きな解釈、未来の肯定的可能性の示唆、意見を聴く、相談にのってもらう、プレゼント、情報提供などがあります。

単に「褒める」だけではないのです。「褒める」だけを意図的に行うと作為的に感じたり、お世辞と受け取られたりすることもあります。

ＯＫメッセージ、それは幅広く多様なものです。別の表現で言えば、交流分析の肯定的ストロークであり、また社会的支援ということもできます。

社会的支援はストレス対策の方法としてメンタルヘルスの分野、社会福祉の分野で使われている考えです。

社会的支援は

・情緒的サポート：共感や愛情の提供
・道具的サポート：形のある物やサービスの提供
・情報的サポート：問題の解決に必要なアドバイスや情報の提供
・評価的サポート：肯定的な評価の提供

の4つに分けることができます。

コーチングの場面だけでなく、対話の中でOKメッセージをぜひとも使って欲しいと思います。

そのときのポイントは、

・相手が肯定されていると感じているかどうかがカギ、反応をよく見る。
・セリフや言い回しだけでなく、対話中の基本的態度と考える。
・あなたの味方ですよ、応援してますよ、という気持ちで対話をする。
・否定語に反応しない、やり過ごすことも大切。
・表情、声のトーン、態度やしぐさも注意して。
・自分の価値観を脇におき、相手の見方に合わせていることも必要。
・肯定的な表現や言い回しを使う。

などです。

キャリブレーションも観察しよう

内面を示すキャリブレーションに注目する。スポーツでも、どんどん失敗しながら上達していくように、コミュニケーションも練習しかありません。コミュニケーションがうまくなりたいと思ったら、失敗してもいいからＯＬＡＦを練習することです。

ただし、練習には適切なガイドラインが必要です。特に、相手の何を観察するのかということは知っておきましょう。

神経言語プログラミング（ＮＬＰ）という新しい心理学の体系では、人間の行動を、コンピュータのアウトプットのようなものととらえています。脳神経に蓄積されたプログラムが人の行動を引き起こすと考えるのです。

ですから行動を観察すると、ある程度、内面の動きがわかります。こうした観察対象になる変化を、キャリブレーション（兆候）と呼んでいます。

まず、大きな観察対象にするのは、相手の姿勢の変化、目の動きなどです。

相手がこちらに視線を向けず、ひっきりなしに体を動かしているのは、無関心か他に関心ごとがある表れかもしれません。何度も視線を外して時計を見たりしている人は、帰りたがっているかも知れません。そんな相手に延々としゃべり続けるのはムダです。

逆に、じっと動きを止め、目を見開いて聞き入ってくるんだったら、その話に興味があるんだなということがわかります。

ボディーランゲージにも注意

たとえば、腕を組むと威圧的に見えたり、偉そうに見えたりします。それは、相手に対抗意識がある場合や、話をまだ受け入れていない態度を意味することが多そうです。あるいは、「難しい問題なので熟考中」のサインかもしれません。

それから、声のトーンも観察対象です。

たとえば、急に声のトーンが落ちて、「大したことじゃないんだけどさ…」と言うのは、失望や困惑のサインかもしれません。「えっー！」と甲高い声を上げるのは、意外なこと、信じられないことを聞いたときの反応でしょう。

こうしたキャリブレーションは、たいていの人にある程度共通しています。これらをトータルに観察して内面の動きをとらえ、そのうえで相手の言葉をよく聞くのが、ＯＬＡＦの最初の基本スキルです。

無意識的有能を目指して

学習の中には、無意識的無能、意識的無能、意識的有能、無意識的有能、というプロセスがあります。

いろいろなスキルがある、ということを知らないから人間関係がうまくいかない。これは無意識的無能（知らないからできない）です。

スキルが必要なんだ、と思って学んでやってみようとするけれど、できないのが、意識的無能(知っているけれどできない)です。

知っているスキルを実際に何度も試してみて、意識してやるとだんだんできるようになる。これが意識的有能(知っていて意識すればできる)しかし、意識的有能では意識するのを忘れたりするとできない、意識しなくとも自然とできるまではいっていません。

そして、意識的な練習や訓練を重ねて習熟し、意識しないでもできるようになるのが、無意識的有能(知っていて意識しないでできる)です。

そんなプロセスがコミュニケーションに関してもあります。最初はできないかもしれませんが、意識してやろうとし、徐々に「無意識的有能」を目指して努力してほしいと思います。そうすると、いろいろなスキルを自分のものにでき、自分の能力をコントロールしながら発揮できるようになります。

コーチングの中では、話すこと、聞くこと、自分自身をコントロールすることなどを訓練していきましょう。無意識的にできるようになるには、時間がかかります。ですから、知識を得て、あとは訓練することです。訓練を何度もしていくと、自然と身についていくでしょう。

スモールステップ行動計画の重要性

スモールステップの行動計画では前進や進歩は僅かに思えるかも知れませんが、とっても重要なのです。千里の道も一歩からです。特に、緊急性が高くなくても、重要な事柄（メンテナンス系、長期的な課題、人間関係など）から手を付けて継続的に行動していくことは役に立ちます。

ブリーフセラピーでは個人や集団の問題でも「小さな変化」を起こすことを重要視します。「小さな変化」は「何か違うこと」「新しい何か」であり「小さな、容易な、おもしろい」ことの実行をすすめ、効果をあげています。

＊ブリーフセラピー（Brief Therapy）とは、ミルトン・エリクソンの影響を受けた理論・技法を有し、比較的短期間で問題の解決をみる心理療法の一派を総称してブリーフ・セラピー（短期療法）という。

〈スモールステップ行動計画作成のポイント〉

・現実的で達成可能な行動計画であるか
・何かをやめるのでなく、何かをする計画であるか
・自分だけで実行できる計画であるか
・具合的な計画であるか　「いつ」「何を」「どうのように」「誰と」「どのくらいの頻度で」
・繰り返す計画であるか
・すぐできる計画であるか
・結果でなくプロセスの計画であるか
　例「チームのコミュニケーションをよくする」
　　→「朝礼で全員が進捗状況について話す」

第4章　人間理解のスキル　エニアグラム

1　自分を理解し、相手も理解する方法

自己理解と他者理解

コーチングは人とのコミュニケーションです。そして、コミュニケーションというのは、相手との情報のやり取りです。自分自身を知らないとよいコミュニケーションはできませんし、よいコーチングもできません。

あんな考えは信じられない、と感じるのは、自己理解と他者理解ができていないときに頻発します。人の話を聞くと、自分の考えや価値観とぶつかることがあります。相手のいうことに反発する気持ちが聞こうとする気持ちをはばむのです。ですから、自分白身が、コミュニケーションの仕方、考え方、性格、価値観、他者理解の仕方、行動パターンなどに対して「どんなクセ」を持っているかを知ることが必要です。そして、その「クセ」を知ったら、「ストップ・ルック・チューズ（Stop Look choose)」して自分を客観的に見て、クセから抜け出すことが必要です。

自分白身を知るには自分の行動を検証することが必要です。まずは1日1回、自分のことを振り返ってみましょう。そして、自分を見直し、自分の強みと弱みを発見、理解するのです。そのためには、自分白身を離れて見る、自己客観視能力を養うことが大切です。

また、他人から、「あなたはこんなふうに見えていますよ」といわれたり、ある理論を通してみると、

自分はこんなタイプなんだ、とわかったりすることがあります。ですから、身近な人に聞いてみたり、いろいろな性格診断・行動特性診断などによって、自分の性格や行動パターンを知ることも必要です。性格診断には、エニアグラムが非常に役立ちます。

客観的に自分を見る能力は、セルフコントロールの第一歩です。自分自身の複雑さや矛盾、強みや弱みを知っていると、他者を理解しやすくなり、人を許せるようになります。

また、自分も人も完成された人間ではないということを理解し、それでもいいんだ、と思えることが大切です。

自己理解をする3つのポイント

・1日1回、自分を振り返り、今日のよかったことや悪かったことを思い出しましょう。
・身近な人に自分のことを聞いてみましょう。
・エニアグラムをやってみましょう。

エニアグラムとは

エニアグラムは、ギリシャ語の「エネア」、つまり数字の「9」を語源としています。

人間の性格は9つのタイプのいずれかに属するというのがエニアグラムの基本的な考えです。エニアグラムの起源は文献がなく不明で、古代ギリシャにあるともいわれていますが、定かではありません。

一説によれば、数秘学（数字や図形は宇宙の真理や法則を表しているという学問）としてのエニアグラムはペルシャにキリスト教が伝わった頃のアフガニスタン地方で体系化され、その後アラビア半島から西アジア、インドまで勢力を伸ばした中東に伝播されたといいます。

中東でエニアグラムは、人間理解と教育の「秘伝」として伝わったとされます。どうやって人を9つのタイプに分類し、それぞれどのような特徴を待つかといったエニアグラムの詳細は門外不出とされ、次代の指導者と認められた人間だけがその秘伝を継承することを許されたといわれます。しかもその場合でも、教えを古き留めることは禁止され、すべて口伝で行われたらしいのです。

これはエニアグラムが、人間理解の方法としてあまりに効果を発揮しすぎるので、代々の指導者が自分の継承者以外にその内容が伝わることを恐れたからだと想像できます。

長い年月の間中東の奥に隠されていたエニアグラムは、20世紀初め、1人のロシア人によって西欧社会に紹介されます。神秘家ゲオルギィ・イワノヴィッチ・グルジェフ。彼は当初エニアグラムを学問というより神秘主義の一体系と位置つけていたようですが、１９５０年代になるとアメリカ西海岸の心理学者たちが学問的対象として注目しはじめます。その中心にあったスタンフォード大学は、エニアグラムの信頼性や9つのタイプの妥当性を検証すべく科学的な調査研究を行い、ついに納得できる根拠と裏づけがあるという結論を発表しました。その後１９９1年に同大学で聞かれた国際ワークショップには、全世界から４０００人を超える参加者を見ています。

またスタンフォード大学のビジネススクールでは、「クリエイティブ・マネジメント・コス」という名称でエニアグラムを学ぶクラスがあり人気講座になっています。

エニアグラムのメリット

私たちは、エニアグラムを学ぶメリットに、次のポイントをあげています。

①　自分や他者が何を求め、欲し、恐れ、どのように自分を表現しているのかが理解できる。
②　人間性の中に隠されている９つのパターンを知ることにより、人間１人ひとりの存在の価値を高めることができる。
③　自己変革と自己成長のための筋道がわかる。
④　自分を行動に駆り立て、固有の行動をとらせる、自分を突き動かしている動機を知ることができる。
⑤　対人関係をスムーズにし、組織内、家族間などの人間関係の問題を改善するための効果的な助言が得られる。

などです。

エニアグラムの活用

エニアグラムでは人間の性格を９種類に分類します。しかし単に分類することがエニアグではありません。

９つのタイプにはそれぞれ固有の特徴があります。価値観や考え方、感じ方、行動の動機、避けていること、長所と短所などは同じタイプであれば、明らかに似たような傾向が見られます。

ということは自分がどのタイプか知っていれば、そのタイプの人が何に「囚われ」ていて、何を避けようとしているのかや、無意識に何を選択しがちかなどを事前に把握することができるので、あらかじめトラブルの芽を摘んだり、よい人間関係を構築するために役立ちます。何より自分を深く理解することは、これまで自分を縛り付けていたものから自分を解放することでもあり、それはあなたの人生に活力を与え、もっと自由にあなたらしく生きることを約束します。

ですから、まずエニアグラムを理解し、あなた自身がどのタイプに属するか発見することはコーチングを行う上でもたいへん意義のあることなのです。

2　エニアグラム診断をしてみよう

エニアグラム診断

簡易診断を行ってみましょう。実際のエニアグラムのタイプ発見は話し合いや描画を通して行います。

今回は、おおよその傾向を調べます。それでは、元来の自分という視点から、自分にあてはまる、同じように考え行動する項目の□に印（レ）つけてください。

①↓合計（　　）

□私は「どうしたら物事をよりよくできるか」とよく考えるので、人にも自分にも批判的になることが多い。

□「結果がよければプロセスは関係ない」という考えには納得できない。正しい手続やプロセスは大切である。

□私はいつも「こうあるべき」「きちんとすべき」と考え力が抜けず、リラックスした会話や冗談や洒落が簡単に言えない。

□私はいつも時間に几帳面で、時間に追われているように思う。人が時間に遅れるときには、責めたてたくなる。

□成功・評価・楽しいという理由でなく、物事を正しくきちんと手順通り行うことが必要なので、私は一生懸命努力し働く。

□自分がどのように時間を使ったか、細かくチェックしなければ気が済まない。

□他人に認められる前に自分がより正しく完全でなければならないと思う。

□私は「もっと向上しなければ」と考える。そのためか、自分と人に対しても不完全でいたらない所に、まず目がいってしまう。

② ↓合計〔　　〕

□ 心のつながり、愛や友情は私の人生で一番大切なものである。

□ 好き嫌いにかかわらず、人が困っていると放っておけず助けてしまう。

□ 私が深く気づかった人々によって必要とされ信頼されていると感じることが私にはもっとも大切なことだ。

□ 人のためにしたことなのに感謝されてないと感じることが時々あり、時にはムッとしてしまうこともある。

□ 私はよく人を褒める。彼らを喜ばせるだけでなく、私が彼らを気にかけていることを知って欲しいからである。

□ 私はやさしい人間で気づかいもあり、人の気持ちに敏感だが、けっこうプライドが高い人間でもある。

□ 人との心のふれあいが好きなので、人とすぐにうち解けて親しく会話ができる。

□ 人の気持ちがわかって、ついついお節介してしまう。人が自分を気遣ってくれる以上に人を気遣っている。

③ ↓合計〔　　〕

□ 一生懸命働き多くの成果を認められているとき、自分を最も望ましいと感じる。なによりも働くことが好きだ。

□　私は自分のイメージを大切にするので、私がすることは何でもうまくいっていると人に認められ賞賛されたい。

□　私は人から期待され、仕事のスケジュール表が一杯に埋まっている生活が好きだ。そうでないと不安になる。

□　私は自分のキャリアや成功をイメージし、目標を設定しプランを立て、行動する。

□　目標やビジョンに向けてチームや仲間を励まし、リードし、成果を上げることが好きだ。

□　社会的に成功者であり、賞賛に値するイメージを人に与えることは私にとって大切なことである。

□　人生の価値は何をなし遂げたか、それがどのように世間に認められたかによって決まると思う。

□　上昇志向が強く、成功のイメージができると困難な状況でも走り出してしまう。

④　↓合計〔　　〕

□　私は人と異なる独創的な考えを持っていると同時に、自分が不完全で劣っているとも感じる。

□　自分の過去に強い郷愁を感じたり、自分自身を悲劇の主人公のように感じることがある。

□　昔の感動した体験や切ない体験を、あたかも現在のことのようにリアルな情感を伴って思い出すことがある。

□　平凡な生活は味気ない。たとえ悲しいことでも心動かされる体験には惹かれてしまう。

□ 私は感情のアップダウンが激しい。しかし、どっちつかずだと、かえって生きている実感が乏しく感じたりもする。

□ 物事の否定的なところ、悲しみ、怒り、絶望、嫉妬やジェラシーにも惹かれてしまうところがある。

□ 私は複雑で深い想いをもっている人間なので、私のことを心から理解してくれる人はあまりいない。

□ 何気ない出来事や言動が、喜びや憂うつ、優越や劣等感、興奮、孤独など激しく深く自分の感情に変化を引き起こす。

⑤ ↓合計〔　　〕

□ 私は自分の個人生活についてあまり人に話さない。そして、自分も人のプライバシーにあまり興味を持たない。

□ 私はよく考えたことのみ冷静に議論をするので、人が私と議論し、論理で勝つのは非常に難しい。

□ ほとんどの人は重要なことについて、私のように様々な情報を集め、冷静に深く考えることをしないと思う。

□ 私は社交の場はあまり好きではなく、すぐうち解け気楽な会話をするより、観察していることが多い。

□物事をじっくり考えるために、私には1人になれる時間と場所が必要だ。
□私は冷静な人間で、よく考えて納得できないうちに行動することはない。
□話し声が静かなので「もう少し大きな声で」と言われ困惑することがある。
□自分の考えは伝えるが、感情や気持ちを人に伝えることはほとんどしていない。

⑥　↓合計〔　　〕

□自分が属している組織や人々から逸脱することが怖いので、それらの組織や人々に忠実であろうとする。
□人が私をどう思うか、私に何を期待しているか自信がなく、心配してしまう。
□過去にうまく物事を成し遂げたり、他者から賞賛されたときでさえ、私はしばしば自分の能力を疑ってしまう。
□私は仕事や人間関係において忠実に義務を果たし信頼できる人間である。
□私は責任や義務を果たしていないと思われるのが嫌なため、しばしば用心深くなる
□私は石橋をたたいて渡る人間である。不安なことやあいまいなことは危険なので確認したい。
□私は優柔不断な人間かも知れないが、時間にはかなり気遣い遅刻するようなことはめったにない。
□まさかのときに備えて置き傘や薬などを用意している。何か起きてもいいように前もって準備していると安心だ。

⑦ ↓合計〔　　〕

□ 人々はもっと人生を楽しみ満喫すべきである。なぜなら物事は大抵はなんとかうまくいくと思うから。

□ 新しもの好きだが目移りしやすく、すぐに次のものに興味が移る。熱しやすく冷めやすい。

□ 私は我慢したり、楽しいことをしていないとき、すぐ未来の楽しいことのプランを考え始める。

□ 仕事も遊びでも活動的で、楽しいことを次々と味わっていたい。私がゆっくりと休日を家で過ごすのは難しい。

□ 私は楽天主義で人々のよい面、楽しい面を見る傾向があり、暗い面、悪意などを見ない傾向がある。

□ 私は活動的で前向きな楽しい人でありたいと思う。しかし、人によっては私を脳天気、軽率と考える人もいる。

□ 物事の八割がたが見えてくると、関心や興味が次から次へと移っていく。

□ 私は子供っぽく、飾らず、陽気で、人との衝突を避け、前向きで活動的な人間である。

⑧ ↓合計〔　　〕

□ 私は人にはどんな弱みも見せたくない。そして、正直なところ私は弱い人間が嫌いだ。

□ ものごとのあいまいな点が嫌いで、やる・やらない、敵・味方、勝つ・負けるなど、白黒をはっきりつけようとする。

□　誰かに不正義なことをされたとき、私は怒り「目には目を」と考え、同じように相手をやっつけたいと思う。

□　私は人に接するときはストレートであり、ストレートに関わらず遠回しに何かを言おうとする人は嫌いだ。

□　正直なところ人は自分の弱さや自己主張しないことで自らの問題をつくっている思う。

□　自分の正義をつらぬきたい。そのため戦うことは当然だ。

□　自分では意識しないのに、周りから「威圧的」「尊大」「攻撃的」「言い方がきつい」と言われたことがある。

□　逆境や困難な状況に立つと、かえって力が沸いてくる。

⑨　↓合計〔　　〕

□　私はゆったりしたペースが好きだ。それ故、明日できることは今日やらずに先延ばしにしてしまう傾向がある。

□　私はおっとりした人間で、ゆったりとし何もしていないときがかなり好きである。

□　私は視野が広く、他の人の立場や視点から物事が見えるため、しばしば優柔不断になる。

□　のんびり屋で腰の重い人間なので、何かを始めるためには外部からの刺激が必要である。

□　自分が落ち着いた平和な人間で、人の話を聞ける人間であることは好きだ。
□　のんびりした時間が好きだ。必要以上の無理はしたくないし、好んで苦労することはないと思う。「まあいいか」とよく思う。
□　私は穏やかで柔和な人間だが、頑固になるとテコでも動かなくなる。
□　私はゆったりペースの人間で、優先順位を考えず些細なことに安易に時間を費やすことがある。

さて、いかがだったでしょう。エニアグラムは性格タイプのニックネームはありますが、基本は性格タイプを数字で呼ぶ習慣があり、①から⑨は性格タイプに対応しています。当てはまった合計が多かったところがあなたの性格タイプの可能性が高いということになります。複数の高得点がある場合はこれからの性格タイプの解説を読んで自分の性格に合うタイプを選んでください。

タイプ1　完全主義タイプのアウトライン

■基本的欲求　私はいつでも完璧でありたい
■囚われ　「完璧であること」「完全であること」「正しいこと」「こうあらねばならない」「こうすべきだ」人は正しいか正しくないかで評価される。人は完全であるときだけ他人から受け入れられる。
■避けていること　怒り（怒る人間は完全ではないと思っている）
■このタイプの特徴

タイプ１の人は、正しいこと、あるべき理想に向かってコツコツと努力する責任感の強い人です。公平を重んじ、倫理観も強く、自分の中に高い基準を持つ姿は、周りに「几帳面でキチンとした人」という印象を与えます。

タイプ１の人は、すべてのものごとは本来完璧で完全でなければならないと思っています。ところが彼らの目の前にある現実は、当然のことながら完璧や完全などとはほど遠い。しかし、彼らはその事実をありのままに受け入れることができません。「これはあるべき姿ではない」。そこでなんとか完璧にしようと努力するのですが、完璧を目指すということは、虹の根元に向かって走っていくようなもので、どこまでいってもここがゴールということがない。その結果彼らは、「もっとできるはずだ」と常に自分を責めることになります。何もしていないと罪悪感を感じてしまいリラックスができないというのもこのタイプの特徴です。

責任感があり、規律正しく、努力を重んじる傾向は、集団の中ではむしろ長所として働くことも多いのですが、自分以外の人に対しても完璧であることを強要するので、他人の欠点やアラばかりが目について、本質を見失いがちになるという欠点があります。

運動部の監督で、「練習中は歯を見せるな！」というのがこのタイプです。また職場でこのタイプの上司は、話がくどくいつも説教口調で、部下のことをあまり誉めないので、部下が離れていく傾向にあります。また仕事をうまく任せられずに自分で抱え込んでしまうので、いつも時間に追いまくられることになります。

■職場で見られる傾向

・遅刻はめったにしない。
・デスク周りは整理整頓されている。
・日報や報告書は丁寧に書き、誤字脱字も少ない。
・資格取得など自己向上に熱心。
・適当に手を抜くことができない。
・他人のミスに厳しい。
・話が長い、細かい、くどい。
・めったに怒りを見せないが、突然爆発することもある。・コンプライアンス（法令順守）を心がける。
・あまり人を誉めず、厳しく見られることが多い。

タイプ2　献身家のアウトライン

■基本的欲求　私は人に尽くしたい

■囚われ　「必要とされる」「頼りにされる」「愛される」

人を助けることによってその相手から感謝される。愛されるためには必要とされなければならない。

■避けていること　自分が他人の助けを必要としていることを認めること

■このタイプの特徴

タイプ２の人がもっとも大切に考えるのは人間関係です。どんな場面でも困っている人がいると放っておけず、人に尽くすこと、他人の役に立つことをまず第一に考えます。人の気持ちに敏感で、必要とされると献身的に尽くす姿は、周りに「親切で優しい人」という印象を与えます。

このタイプの人は、会議のときも、率先してお茶を入れたり、窓を開けて換気をしたりと他の参加者に対してあれこれ気を回すがあまり、その会議本来の目的を忘れてしまったりします。彼らにとって会議の成功とは、建設的な結論を導くことよりも、その時間を通して自分を中心とした人間関係が深まることなのです。

ただし、このタイプの「人に尽くしたい」というのは、「人から必要とされたい」という思いの裏返しなので、他人に親切にしても、当の本人がそれに気づかなかったり、感謝の意を示さなかったりすると、侮辱されたと感じ途端に不機嫌になったり、恨みを持ったり相手を非難したりします。また人に合わせようとするあまり、自分を見失いがちなところもあります。

夏目漱石の『草枕』に「情に棹差せば流される」とありますが、まさにこのタイプの人のことを指しています。

■職場で見られる傾向

・職場の飲み会の誘いは断らない。
・社内外に広い人脈を持つ。
・頼まれたことはたいてい引き受ける。

・他人のことに気を遣うあまり、言うべきことが言えない。
・論理よりときとして感情を優先する。
・営業は顧客の言い分を聞きすぎるきらいがある。
・人間関係のために費やしている時開か多い。
・ときに世話を焼きすぎて部下の自立を妨げる。
・私用電話など公私の区別が曖昧。
・仕事の効率や成果よりも人の気持ちを優先させる。

タイプ3　達成者のアウトライン

■基本的欲求　私は成功したい
■囚われ　「効率よく成功する」「成功しなければ評価されない」
人のそのものの価値を認めず、その人の行い（何をやったか）で評価する。人は成功したときだけ他人から評価される。
■避けていること　失敗
■このタイプの特徴
タイプ3の人は、人生の価値を成功したか否かで測ります。目標達成や成功を目指して努力する姿は、周りに「有能で自信に満ちた人」という印象を与えます。

タイプ３の人にとって、価値を測る尺度は個々人の内面にあるのではなく、会社での出世や社会的地位といった、誰の目にも明らかなものでなければなりません。

人間は成功しなければ価値がないと考えていますから、失敗して自分の評価が下がることを極端に恐れます。また成功という目的のためには手段を選ばないというところもあり、ときに他人を自分の成功のために利用していても自分では気づきません。

エネルギッシュで柔軟性もあり、また目標を定めたり、それを達成するためのビジョンを描くことが得意なので、職場ではリーダーを任されることも多いのですが、反対に裏方的な仕事ではモチベーションが下がる傾向にあります。

成功者という対外的な自分のイメージのために、家庭を犠牲にすることすらある彼らですが、失敗は許されないと考えるあまり、成功すると思われることにしか手を出さないという一面もあります。

■職場で見られる傾向

・いつも自信に満ちている。
・要領がよく、一度にたくさんの仕事を手際よくこなすことができる。
・スケジュール表はいつもいっぱいである。
・上司の前ではスタンドプレーにはしることがある。
・競争が好きだ。
・仲間と仕事をするのが好きで、よいリーダーになる。

・的確な目標設定や、仕事の割り振りがうまい。
・標語をつくるのがうまい。
・話し好きである。

タイプ4　個人主義者のアウトライン

■基本的欲求　私は特別でありたい
■囚われ　「特別である」「ユニークである」「個性的である」
自分は他の人とは異なる独自な感性を待っているから特別である。
■避けていること　平凡であること
■このタイプの特徴
タイプ4は、自分のことを他人とは違う特別な存在だと思っています。鋭敏な感性、独特の感覚の持ち主であり、芸術的、美的、夢想的なものを求める自分のユニークさを個性として自覚しているのですが、その繊細な心は誰にもわかってもらえないと、あたかも自分を悲劇の主人公のようにみなす側面もあります。

その独特な美意識と芸術的な感性は、周りに「ユニークで個性的な人」という印象を与えます。特別であるという強い意識は、ときに彼らの行動を不自然で誇張されたものにします。なにげないものに心ひかれ、感情の起伏の激しい状態を味わっている彼らの姿は、まるで芝居の舞台で演じる役者のようです。

このように彼らは現実感覚が希薄なので、「感動すること」を好みます。たとえそれが自分にとってつらく苦しいことであっても、激しく感情が揺れ動いている状態は、彼らに真の現実を生きているという実感を与えるからです。

ちなみにこのタイプの人は自由に絵を描かせると、よく夜空の月、しかも三日月を描きます。これは満ち欠けする月が感情の起伏を象徴しているようです。

■職場で見られる傾向

・服装がユニーク、あるいはセンスがいい。
・仕草や振る舞いが上品で繊細。
・普通といわれることを好まない。
・感動座である。
・ルーチンワークは好きではない。
・会議ではユニークな発言が多い。
・のっているときは、アイデアがよく出る。
・自分の企画に陶酔してしまい聞く耳を持たない。
・発言が論理的でない。
・気分厘でアップダウンが激しい。

タイプ5　観察者のアウトライン

■基本的欲求　私はものごとの本質を知っていたい
■囚われ「本質を知っている」「正しい判断を下す」「愚かであってはならない」
知識を詰め込まないと、私の内面はすぐに枯渇し空虚になってしまう。
■避けていること　空虚であること
■このタイプの特徴

このタイプは、常に物事を冷静に観察し、本質を見抜き頭で理解したいと思っています。社会に参加するというよりも、傍観者として現実を正しく判断したいと考えています。そのためにはできるだけたくさんの情報が必要だと信じています。人でいることを好み、感情的な交流を避けようとする傾向があります。このように冷静沈着でクールな姿は、周りに「静かで知的な人」という印象を与えます。

タイプ5は、とくに自分の関心のある問題に対して本当の意味を知っていたいのです。それは裏を返せば自分の内面が空虚だと感じているので、その空虚さを知識を詰め込んで満たしたいという願望にほかなりません。

彼らにとって知識や情報は1人で貯め込むものなので、人間関係などでそのための貴重な時間を浪費することを嫌います。またインプットに熱心なあまり、周りと距離ができ、冷たいという印象を与えがちです。

社交的でないので人間関係は広くありませんが、人を裁くことに興味がなく、深い洞察力に富んだ人柄は、しばしばその道の専門家として信頼に値する人物という風に見られます。

■職場で見られる傾向
・名刺交換してもすぐに相手の名前を忘れることが多い。
・話は論旨が明確であるが、声が小さく冷たい印象を与えることもある。
・部下の役割を明確にする。
・他人の批評や批判を好まない。
・プライベートな話はあまりしない。
・上司や同僚に相談せず自分で解決しようとする。
・部下を質問攻めにする。
・宴会の席でも１人黙々と飲んでいるか、宴会そのものを好まない。
・読書家。
・会議での発言は少ないが、鋭い洞察は他の出席者をしばしば控目させる。

タイプ６　堅実家のアウトライン

■基本的欲求　私は義務と責任を果たすことによって守られたい
■囚われ　「人生は危険に満ちている」「権威が自分を守ってくれる」

自分か所属する集団が突きつけてくる要求に応えることで、私は安定が得られる。

■避けていること　ルールから逸脱すること

■このタイプの特徴

タイプ6の人は、組織やみんなから信頼され自分の責任を果たしていきたいと思っています。バランスとリスクをよく考えている姿は、周りに「責任感が強く誠実な人」という印象を与えます。

このタイプの人は、この世界を危険に満ちた不確かな場所と考えています。そんなところを1人で歩くことなど、想像しただけで不安でたまらない。そこで何か「大いなる集団」に身を委ねることで、その不安から逃れようとしているのです。

しかしその集団の一員でいるには、そこでの規範を忠実に守り、集団が要求する義務と責任を果たさなければなりません。ルールを無視して和を乱し、バランスを崩すことを極度に恐れています。だから逆に前例がなかったり、自由に振る舞うことを許されている場では自信を失い落ち着かなくなります。

和を重んじ協調性に富む彼らの長所は、場合によっては優柔不断に見られることもあります。また所属集団外にいる人に対してしばしば攻撃的態度をとるのは、彼らの強い自己防衛意識がなせるわざでしょう。また、権力を振りかざす横暴な上司には反発して立ち向かう二面性もあります。

■職場で見られる傾向

・自分のやり方でやるよう命じられると不安になる。

・前例がないことは苦手。
・残業や休日出勤をいとわない。
・婉曲な話し方を好む。
・部下に報告書や確認をこまめに求める。
・人当たりがよく社交的。
・幹事役をそつなくこなす。
・頼まれ事を断るのが下手でストレスをため込みやすい。
・組織に忠実であるが、ルールや規範を守らない人は上司でも許せない。
・心配性でくよくよ考えるきらいがある。

タイプ7　楽天家のアウトライン

■基本的欲求　私は人生を楽しみたい
■囚われ　「人生は楽しくあるべき」「ものごとの明るい面だけを見る」
　楽しいことに熱中し、未来の可能性を夢想することで、苦痛や苦悩から身を守る。
■避けていること　困難。苦しみ。つらさ。
■このタイプの特徴
　タイプ７の人は、人生は本来明るく楽しくなければならないと考えています。その明るく前向きで行動的な姿は、周りに「明るく楽天的な人」という印象を与えます。

ところがつらいことや苦しいことで満ちているのが現実の世界です。そこで彼らは苦痛や困難に遭遇すると、瞬間的に回避する道を選ぶのです。あるいはまた、まだ見ぬばら色の未来に思いを馳せ、現実から逃避しようとします。

こんな彼らは周囲から、快活でプラス思考の持ち主と見られることも多いのですが、そのプラス思考は、ある目的のために自分を高めるといった上昇志向ではなく、いろんな選択肢を持った楽観主義的な考え方からきています。

組織のルールに縛られるのは彼らにとって苦痛なので、あまり管理されるとモチベーションが下がりますが、逆に仕事の自由度を広げてあげると思わぬ力を発揮します。

社交性に富み気持ちの切り替えが早いので営業向きといえますが、詰めが甘くなることもあります。

■職場で見られる傾向

・課題を時間内に仕上げられず、しばしば締め切りに遅れる。
・ルーチンワークや事務処理が苦手。
・たいていのことは器用になんでもこなす。
・気分の乗らないときは、如実に表情に出る。
・宴会や社内旅行では中心となって活躍する。

・ミスをしても気持ちの切り替えが早くいつまでも引きずらない。
・最後まで読まないうちに次の本に興味が移る。
・思いつきや一貫性のない指示が多いので、部下の信頼を得られない。
・仕事は詰めが甘いことが多い。
・プラス思考。

タイプ8　統率者のアウトライン

■基本的欲求　私は自分の正義を実現したい
■囚われ　「不正を許さない」「自分が中心」「強い存在である」
人生は戦いであり、戦って勝つことで自分の力を証明する。
■避けていること　弱さ
■このタイプの特徴
タイプ8の人は、自分が正しいと信じる道を全力で突き進んでいきます。その力強く子不ルギーに溢れた姿は、周りに「パワフルで頼りになる人」という印象を与えます。

このタイプは人生を戦いと考えているので、戦っているときに充実感を感じます。戦いは、不正な相手を叩きのめすために行われ、強い自分を証明する手段でもあります。強さを誇示するのは、人は誰でも好戦的で弱みを見せるとつけ入れられると感じているからで、自分が強いことを誇りに思うと同時に、自分か強いと思う人を尊敬します。

攻撃的な性格ですが、内面には優しさを秘め、とくに身内の人間を大事にする親分肌的なところがあります。

好戦的、威嚇的な態度が人を遠ざけがちである反面、彼らは損得では動かず、決断力に優れまた人の拒絶を恐れない潔さがあるので、人望の厚いリーダーとなって活躍するケースもままあります。

他人の注目を集めても、他人にどう思われるかはさほど気にしないという点は、常に他人の目や評価を意識するタイプ3と明らかに異なります。

■職場で見られる傾向

・相手が上司でも堂々と自分の意見を言う。
・摩擦や乳棒を恐れない。
・社内の権力者には敏感に反応する。
・部下を力で支配しようとする。
・部下の感情や悩みには鈍感。
・義理人情に厚く親分肌である。
・周りを自分の敵か味方かで判断する。
・他人の優柔不断さに寛容になれない。
・声が大きい。

・自己主張をするが、結果責任も引き受ける。

タイプ９　調停者のアウトライン

■基本的欲求　平穏であること

■囚われ「葛藤を避ける」「対立を避ける」「不調和を避ける」

大部分の出来事はたいしたことではない。自分の人生はそれほど重要ではない。

■避けていること　葛藤

■このタイプの特徴

タイプ９の人は、穏やかで、常に周りとの調和を図っていきたいと思っています。そのゆったりとした物事に動じない姿は、周りに「穏やかでおおらかな人」という印象を与えます。

タイプ９の人は、常にトラブルがなくマイペースで生きていけることを第一に考えます。だから事件や不意の出来事が起こらない平穏で安定した日々が繰り返されることを、彼らは何より望むのです。また多少の変化があろうと、受容力に富む彼らは容易にそれを受け入れ調和を乱すことをしません。

これは彼らが、世の中に起こる大部分のことはそんなに興奮するほど重大でもなく、自分のことすらどうということがない存在だと思っているからです。あるいはまた、どれもこれもよく見えるあまり、どれかを選択することができず、優柔不断になることがあります。

〔図表4　エニアグラム　9つの性格〕

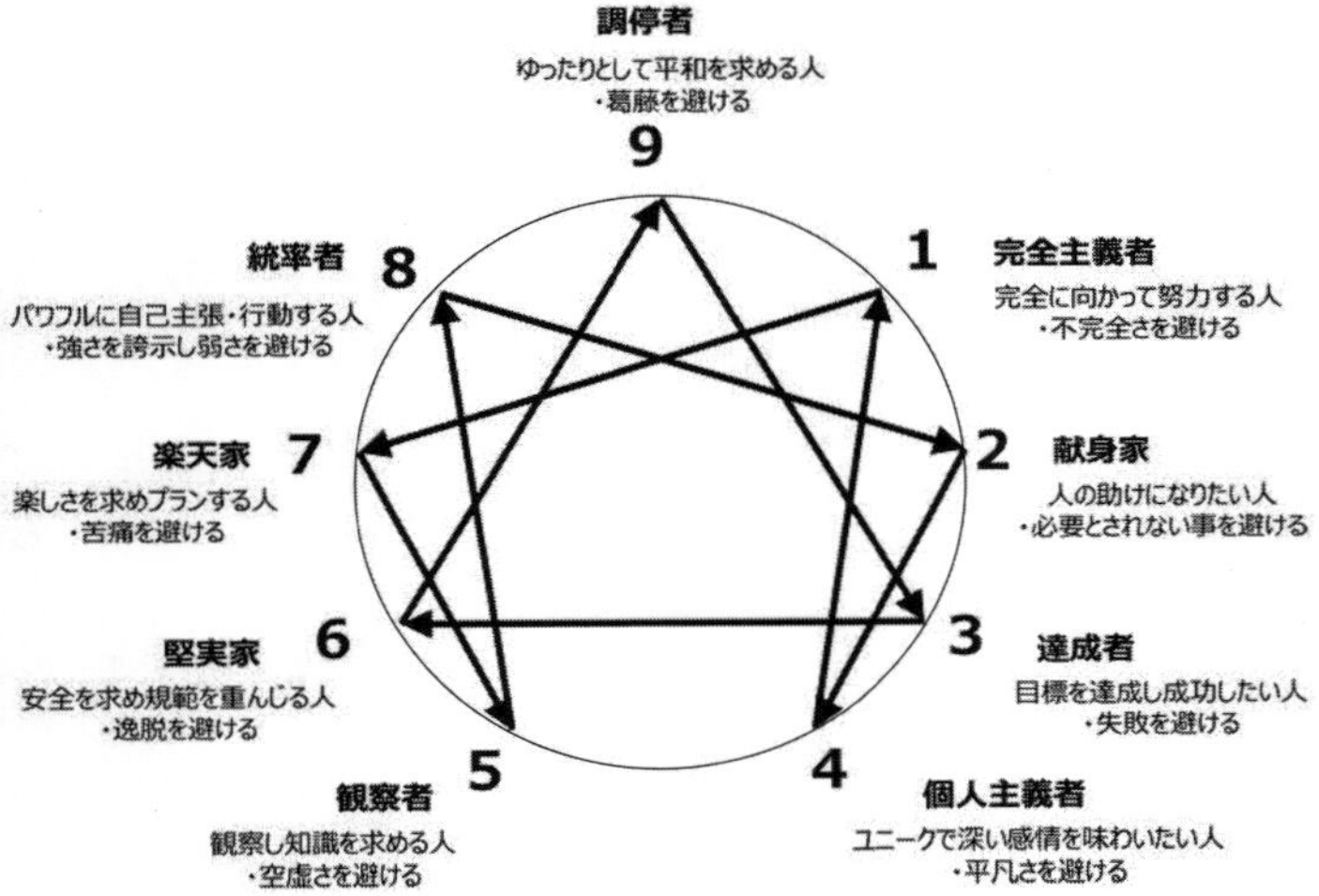

調停者
ゆったりとして平和を求める人
・葛藤を避ける
9
1
完全主義者
完全に向かって努力する人
・不完全さを避ける
2
献身家
人の助けになりたい人
・必要とされない事を避ける
3
達成者
目標を達成し成功したい人
・失敗を避ける
4
個人主義者
ユニークで深い感情を味わいたい人
・平凡さを避ける
5
観察者
観察し知識を求める人
・空虚さを避ける
6
堅実家
安全を求め規範を重んじる人
・逸脱を避ける
7
楽天家
楽しさを求めプランする人
・苦痛を避ける
8
統率者
パワフルに自己主張・行動する人
・強さを誇示し弱さを避ける

いつでもマイペースな彼らは周囲の人をイライラさせることも多いのですが、めったなことでものごとに動じない姿勢や落ち着いた態度に、彼らがいるだけでその場が平和でくつろいだ雰囲気になるという効果もあります。

■職場で見られる傾向

・よく相談を持ちかけられる。
・社内に敵をつくらない。
・上からも下からも人間的に信頼されている。
・会議で反対意見を言うことはめったにない。
・急がされると仕事がうまくいかない。
・締め切りギリギリにならないとエンジンがかからない。
・昔の友人を大切にする。
・問題を先送りにしがち。
・忘れっぽい。

・自分のペースを守ることに関しては頑固。

3　エニアグラムをコーチングに活用

各性格タイプの課題を知ろう

コーチングにおけるエニアグラム各性格タイプの問題と課題をまとめました。日頃の職場のコミュニケーションでもコーチング場面でも意識してください。

タイプ１　完全主義者

■コーチングでの問題点

・柔軟性に欠けステレオタイプの反応をする。
・自分の規準に厳格で頑固になり、批判的で許容性に欠ける。
・根底にイライラ感があり、人を褒めたり、打ち解けたり、リラックスした会話が苦手である。

■課題

・自分の中にある厳しい基準やきまりを部下に押しつけないこと。
・自分の「すべきこと」は、相手の「すべきこと」と違うものであることを考えてみる。
・ちょっとしたことでも部下を認めたり肯定する言動を積極的に行うこと。

タイプ2　献身家

■コーチングの問題点

・相手の気持ちに気づかうあまり、効率や意思決定が妨げられる。

・人を助けることが行き過ぎて、部下の領分に入り込みすぎ自立性を阻害しがち。

・他人から必要とされたいと思うあまり、他人を巧みに操作したり、支配したり、高圧的になる。

■課題

・相手の気持ちを気づかい過ぎず、「言うべきこと」を言い「すべきこと」をすること。

・部下が本当にあなたを必要としているときとそうでないときを見極める。

・人を喜ばせることで自分を誇示したり自己満足しようとしているときに注意する。

タイプ3　達成者

■コーチングの問題点

・成功志向が強く、目標や成果を出し認められることを何より優先し、人を道具のように扱ったりする。

・目前の成果を得るため、長期的な人間関係づくりや人材育成をおろそかにする。

・目標達成のために猛烈に働き、部下にもそれを求め、プレッシャーをかけ結果を要求する。

■課題

・自分を振り返ること（内省）をしたり、部下やチームを支援する言動をふやす。
・すぐに成果のでない長期的な関係づくりや準備にも価値を認め部下を支援すること。
・自分が話したいという欲求を抑え、聞き上手になること。

タイプ4　個人主義者

■コーチングでの問題点
・感情的なアップダウンがあるので、部下は機嫌を気にし、戸惑うことも。
・自分の個性や独自性を強調するあまり、人との距離ができたり、気取ってると受け取られる。
・思い込みで話すことが多く、相手に何が言いたいか伝わらないことがある。

■課題
・想いに浸っていないで行動すること、「すべきこと」を「する」。
・気分や感情に左右されず役割として落ち着いて冷静に部下に接する。
・論理的にわかりやすく話す。ポイントはしっかり伝える。

タイプ5　観察者

■コーチングでの問題点
・暖かみを感じさせない論理的アプローチと人と距離を置く態度が、冷淡に思われ人を寄せつけなくする。

・必要なことしか話さず、無駄話やお喋りをしないので親しみがわきにくい。

・コミュニケーションや人間関係に関して積極性がない。訊かないと教えない。

■課題

・自分の考えや持っている情報を積極的に相手に伝える。

・知識や時間、エネルギー、プライバシー、個人的空間などをけちらないで、対人関係に費やす。

・気楽に部下に声をかける。できれば笑顔で。

タイプ6　堅実家

■コーチングでの問題点

・相手を気づかい過ぎ、「言うべきこと」が言えない。

・集団の和を重んじるため、優柔不断になる。

・自分が期待に応えているか、義務や責任を果たしているか不安になり慎重になりがち。

■課題

・厳しいことでも「言うべきこと」をしっかり伝える。

・明確に、また率直に意思の疎通を図るように心掛ける。

・自分をサポートしてくれる人の意見を訊き、アドバイスを得る。

タイプ７　楽天家

■コーチングでの問題点
・絶え間ない変更や思いつき、時に規範からはずれ無責任に見える言動からメンバーからの信頼を落とす。
・対立や葛藤を避けるため自分流の理屈づけをする。
・楽観論、プラス思考によって他人の感情に鈍感になる。

■課題
・本当の責任とは何か、関わりあうとは何か、を考えてみる。
・対立や葛藤を恐れず、相手ときちんと向き合ってみる。
・相手の話をきちんと聞き、不安や恐れを理解してサポートする。

タイプ８　統率者

■コーチングでの問題点
・攻撃的、威圧的態度が部下を恐れさせ、傷つけ、敵意と抵抗を起こす。
・部下のミスや短所を許容できず、また優柔不断さに我慢できず、怒りをあらわし、冷酷になる。
・個人的な問題や部下の感情に鈍感なところがある。

■課題

・行動に移す前に待つことを覚える。相手の話に耳を傾ける。
・異なる部下の意見にも自分と同じく正当性を認める。他の見方にも整合性があることも理解する。
・自分の言動が威圧的、攻撃的にならないように落ち着いて穏やかに部下に対応する。

タイプ9　調停者

■コーチングでの問題点

・葛藤を避けるあまり「言うべきこと」が言えず、妥協的、優柔不断になる。
・対立や不和が起こりそうなときに問題を避けたり誤魔化してしまう。
・マイペースで時間感覚がゆっくりで、他者をイライラさせることがある。

■課題

・「言うべきこと」は後回しにせず、すぐに伝える。
・「彼らは何を望んでいるか?」ではなく「私は今何をすべきか」という視点で考える。
・言いにくいことを誤魔化してしまわず、確実に伝える。

さて、各性格タイプごと自分の問題をよく認識し、課題を意識してコーチングをすることが大切です。よく、「こういう性格タイプはどのようにコーチングするのがよいのですか?」という質問を受けたりしますが、まず相手の性格タイプに合わせる前に自分自身の性格タイプの課題を意識することです。そして、その後、自分とは異なる各性格タイプをよく理解することです。

第5章　コーチングの種類と指示的コーチング

1　ビジネスコーチングの種類

コーチングがパフォーマンス向上のためのコミュニケーションによる支援スキルと定義しました。

ビジネスコーチングは指示的と支援的の両方使う

ビジネスコーチングは、コーチ自身に権限やその仕事の専門知識や経験があれば、メンバーの役割を明確に規定し、５Ｗ２Ｈ（なぜ、何を、どこで、だれと、いつまで、どうやって、いくらで）を使って指示し、やり方やポイントを教え、アドバイスし、時にやってみせて、実際にどうやるかを注意深く観察、指導、フィードバックを与える指示的コーチングを行います。

さらに、コーチが双方向型のコミュニケーションを行い、相手の意見をよく聞いて、自分自身で問題を発見させ、自己評価を促し、本人に意思決定させ、自分で行動を選択させます。

ビジネスコーチングは対象者のパフォーマンスを高めるため状況や対象者の資質や成熟度に合わせ柔軟に対応を変えていくことが求められます。

具体的なコーチングの方法

まず、指示的な方法として、教える、助言法、モデリング、与えるフィードバックなどがあります。

支援的な方法は、引き出すフィードバック、そして引き出すフィードフォアードがあります。

コーチングとは、ジャスト・イン・ディスケース（この場合は）ではなく、ジャスト・フォー・ユゥー（今のあなたの場合は）と先に述べました。しかし、対象者のスキルや習熟度が低ければ、そのユゥー（あなた）に合わせて指示的なジャスト・イン・ディスケースを使うこともできます。この場合、コーチは教える、助言法、モデリング、与えるフィードバックを使うことも役立ちます。

それに対し対象者のスキルや習熟度が高い、またはコーチがその分野の専門スキルや経験がなかったり、少ない場合は、支援的な方法は、引き出すフィードバック、そして引き出すフィードフォアードを使えます。

コーチは対象者のスキルや習熟度、また自分の専門スキルや経験に合わせて指示的方法と支援的方法を柔軟に使い分けることが大切です。

2　観察のスキル

観察スキルのＳＴＡＲコンセプト

コーチングにとって、相手の言動を注意深く観察することは、もっとも重要なことです。日ごろの言動を客観的に考えてみなければ、対象者の習熟度やスキルのレベルがわからず効果的なコーチングは不可能です。そこで、言動の客観性の障害となる先入観や偏見、感情などに惑わされず、具体的な事実に焦点を当てるための方法を紹介しましょう。図表5のSTARコンセプトは、言動観察にとって有効な指針となります。

STARコンセプトは、言動観察のためのステップを4段階に分けて説明します。この4つのステップを習得すれば、部下のスキルを詳細に区別化、言語化することが可能となり、効果的な部下の指導、開発育成につなげることができます。

STARの4つの要素

「S」シチュエーションとは、言動を取り巻く状況・環境のことです。「なぜ、この特定の行動がとられたのか」がわかる情報を含んでいます。実際のコーチングの際には、「S」がどのような状態であったか？「T」タスク、その状況ですべきことは何であったか？「A」アクション、実際に何をいかに行ったか？「R」リザルト、その結果はどうであったか？などを話し合います。そうすることで、部下の行動やパフォーマンスをより客観的にとらえ、考えることができるのです。

「T」タスクとは、アクションが取られた時点でのコーチング対象者に与えられていた任務や役割、責任のことです。コーチング対象者には、どのような成果が求められている（いた）のか、果たすべき役割や取るべき責任は何なのか（何だったか）、ということをコーチは正しく理解している必要があります。

「A」アクションは、対象者がどのように行動したかということです。行動というのは、具体的

〔図表５　言動観察のためのＳＴＡＲコンセプト〕

「Ｓ」シチュエーション

「Ｓ」シチュエーションとは、言動を取り巻く状況・環境のことです。
どのような状態であったか？

「Ｔ」タスク

アクションが取られた時点でのコーチング対象者に与えられていた任務や役割、責任のことです。
その状況ですべきことは何であったか？

「Ａ」アクション

どのように行動したかということです。行動というのは、具体的な言動をさします。
実際に何をいかに行ったか？

「Ｒ」リザルト

結果、変化した内容のことです。これは、言動全体の動きを測定・評価できる要素。
その結果はどうであったか？

な言動をさします。

「Ｒ」リザルトは、結果、変化した内容のことです。これは、言動全体の動きを測定・評価できる要素であり、アクションが効果的であったか否かを理解できます。

ＳＴＡＲコンセプトを活用する

ＳＴＡＲコンセプトのうち、どれか１つ欠落しても、十分な観察ができているとはいえません。ＳＴＡＲコンセプトを活用するのは、事実を事実として見るため、客観性を高めるため、観察の焦点を起こった「事象」に合わせ、同時に対象者の習熟度やスキルのレベルを知るため、主観的な判断や思い込みを退け、事象を描写的に説明するため、などの理由があります。実際のコーチングの際には、

・「S」どのような状態であったか?
・「T」その状況ですべきことは何であったか?
・「A」実際に何をいかに行ったか?
・「R」その結果はどうであったか?

などを話し合います。そうすることで、部下と共に行動やパフォーマンスを客観的に考えることができます。

3　指示的コーチングの具体的方法

教える

いわゆるティーチングです。ビジネス・コーチングでは対象者のレベルに合わせて、教えることも大事な方法です。知識や情報、役割、やり方や方法・手続き、スキルなどを教えることです。事前に相手を観察したりして、相手に質問して相手のスキルや能力のレベル、課題などの情報を収集しておくことも大切です。

そして、相手のレベルに合わせわかりやすく具体的に説明、解説し、対象者の理解を確認することを忘れてはいけません。

①　相手のレベルや理解度を考慮し、わかりやすく具体的に伝えること（SDF、フォーステップ

など)。

② 確認のための質問をし、相手の理解度や疑問点などの情報を得る（引き出すフィードバックなど活用)。

③ 相手の理解に肯定フィードバックを与えたり、疑問点などを説明する。

助言法

情報や方法は知っていてもどうしたらよいかわからない部下に、相手が置かれている状況をよく認識・理解し、アドバイスやサジェッションを提供する。指示をしない、強制をしない、押し付けないという姿勢がベースになります。

① 私だったら（If I were You）法　「もし私だったら○○してみるけど?」

② サジェッション法　「解決方法をすべて書き出して、各々の長所・短所を比較してみたらどうかな?」

モデリング法

モデリング法は上司が実際に具体的なアクションを起こして、それを部下に模倣させる方法です。コーチ自らが実際に行い示します。「してみせて、言って聞かせて、させてみて〜」の「してみせて」です。スポーツのコーチングではコーチが実際に改善前と改善後の技術や技を行ってコーチング対象の選手にその違いを見せて、「何が違うと思う？」「どちらのほうがよいと思う？」など質問をして確認して、選手に同様に模倣させてみるのはよくある方法です。

ビジネスでは上司や先輩が営業の客先に同行訪問させ、その望ましい顧客対応の言動、ポイントなどを対象者に見せて、訪問後に質問して見て学んだことを確認し、それを手本に次回からの訪問で模倣してもらうなどします。

与えるフィードバック

フィードバック（Feedback）の語源はフード（food）から派生したフィード（feed）からなり、食物を与える、食物を食べさせる、養う、育てる、という意味から、情報を与える、供給するという意味で使われるようになりました。フィードバックとは「受け取った情報を、相手に返す、戻す」という意味があります。

与える（Give）フィードバック　相手の言動について観察されたことを（事実）目標を達成できるよう対象者に情報を与えることで対象者を育てるという意味になります。

換言すれば、部下のパフォーマンス向上のために事実に基づく客観的な情報を支援的に与えるプロセスになります。特に観察のスキルのＳＴＡＲコンセプトを使いながら行うと効果的です。

①　肯定フィードバック（Positive Feedback）　動機づけ・強化のため

②　修正フィードバック（Corrective Feedback）　改善・修正のため

の２種類があります。

与えるフィードバックを行うコーチは当然その仕事に習熟し高いスキルを持っていることが前提です。

与えるフィードバックのガイドライン

対象者の行動の後、できるだけ早く正確に具体的に行うことが大事です。さらに、余計なことは付け加えないことです。肯定フィードバックの後に「しかし・・」などを付け加えると肯定なのか修正なのかぼやけてしまう可能性があります。肯定フィードバックと修正を同時に行うなら、「まずは修正したほうがよいところは～、そしてよかったところは～」とはっきり分けてフィードバックしましょう。

また、修正フィードバックを行うときは人前を避けることがよいかもしれません。他のメンバーに修正フィードバックを見せることで、見ている他のメンバーにも教育的なメッセージにしようとしたいと思う人もいるのですが、フィードバックを受ける本人のプライドを傷つけたりする可能性があります。

そして、フィードバックは「人」ではなく、問題の「言動」に焦点をあてて行うことです。

英語で、「Hard on the problem, soft on the people. と言われ、「問題には厳しく、人にはやさしく」ということです。

肯定フィードバックのやり方

肯定フィードバックを行うときは必ず望ましい言動とその理由を示してください。

以前、こんなフィードバックを見たことがあります。若いメンバーが客先でプレゼンを行い、それを見ていた上司がプレゼン直後にメンバーに向かって「グッジョブ!!」とフィードバックしていました。しかし、プレゼンの何がよかったのか伝わらなかったようで、若いメンバーは「褒めてもらってうれしいけど、今のプレゼンの何がよかったのだろう?」と肯定された言動がわからず困惑していました。

肯定フィードバックの公式を使ってみましょう。

① 肯定フィードバック

結論(評価)→望ましい行動と理由→まとめ(励まし)

① 結論(評価)を伝える

「今日の説明よかったよ」

② 望ましい行動を説明しその理由を伝える

「今日の製品説明の○○との△△からの視点の比較の説明をしたね」

「ポイントをつかんでわかりやすかったし、お客様も納得して成約に一歩前進だ」

③ まとめ(励まし)

「訴求力があり、とてもよい説明だったよ。絶対成約とろうな!」

修正フィードバックのやり方

修正フィードバックとは、望ましくない言動を望ましい言動に置き換えるように促すフィードバックです。

大事な点は、望ましくない言動を突き付けて、それがいかによくないか、まずい言動なのかを教え込むことではありません。

望ましくない言動の代わりに望ましい言動を具体的に示し、なぜその言動が望ましいのか理由を伝え励ますことなのです。

修正フィードバックの公式を使ってみましょう。

② 修正フィードバック（望ましい行動に焦点をあてる）

結論（修正の必要性）→望ましい行動（修正案）と理由→まとめ（励まし）

① 結論（修正の必要性）
「今の受注の電話だよね。次回から改善して欲しいんだ」

② 望ましい行動の提示とその理由
「注文を受けたときは、必ず製品名、数量、納期を復唱しお客様に確認して」
「というのは復唱すれば聞き間違いは減るし、お客様も安心できるからね」

③ まとめ（励まし）
「次回からは必ず復唱お願いね。頼むね」

よいコーチングはSDF

よいコーチは、まず、SDFであることです。Sとは、スペシフィック(Specific)のS、明確であれ、特定的であれということです。Dとは、ディスクリプティブ（Descriptive）のD、描写的であれということです。そしてFとは、これはたいへん重要なのですが、フォワード・ルッキング・フィロソフィー（Forward Looking Philosophy）のF、つまり、未来指向で前向き、建設的思考哲学がベースであれということです。

よいコーチは、「とにかく頑張れ！」的なコーチングではなく、特定的、具体的であることが求められます。また、抽象的な話ではなく、描写的なわかりやすいコーチングができることで、説得力が増していきます。

そして、問題解決を支援し、未来を指向する姿勢は、つねに建設的な考え方をもつことで信頼関係が深まっていきます。

また、よいコーチ、優秀なコーチは、仕事と自分との関係、自分と成果との関係、自分とチームメイトとの関係がぶれない、言うこととやることに「一貫性」があります。

コーチは公平であれ

コーチは偏見や先入観をもってはいけない。つねに客観的な事実を求め、自分の経験だけで物事を判断しないこと。偏見をもたずに客観的な事実を見るコーチは、何よりも公平、フェアであることです。先入観や偏見といった固定観念が強いと、コーチングはうまくいきません。一例をあげてみましょう。

サッカーの試合を見ていたコーチが、「このチームには、やる気のないやつが何人かいる」と言いました。その理由を聞いてみると、「ボールを最後まで追いかけて行かないからだ」というのです。これは正しい判断といえるでしょうか。

この人は選手の動きを行動だけでとらえて、解釈をしているのです。これは偏見、思い込みといってもいいでしょう。ボールを最後まで追いかけなかった選手は、古傷が痛んで追えなかったのかもしれません。すでにスタミナが切れていたのかもしれません。あるいは、ボールを追いかけるよりも、体力を温存して次のプレーに備えようと考えていたのかもしれません。

人が何を考えているか、やる気があるのかないのかということは、読心術やテレパシーなどの力を借りない限りわからないわけです。わかるのは、行動だけです。行動の背後にある意図や意味といったものは、本人に聞いてみないとわかりません。

事実を確認せずに、自分勝手な解釈をしてしまうことは、とても危険なことです。コーチは先入観や偏見をもたずに客観的な事実を見ることが必要です。

してはいけないこと（Dont's）でなく、するとよいこと（Do's）を

コーチは、してはいけないこと（Dont's）でなく、するとよいこと（Do's）を、つまり建設的な方向、

望ましい状態を説明してください。

私たちは往々にしていけないこと（Dont's）を指示したり説明したりしてしまいます。

例えば、サッカー選手に「パスミスや判断ミスに気をつけろ！　ここで負けたら予選落ちだぞ！」と「周りをよく見て、声をかけ合って集中してプレーしろ！　予選突破するぞ！」という2種類のコーチングがあったとします。

最初の例は、してはいけないこと（Dont's）を述べています。してはいけないこと（Dont's）の否定形なのですが、選手の頭の中はミスや負けのイメージが浮かんできやすくなります。

後者の例は、すべきこと、望ましい状態を述べています。選手の頭の中は望ましいプレー、そして勝利のイメージが浮かんできやすくなります。

大切なのは、すべきことをイメージしやすく、人を動機づけ、後押ししてくれる推進力になる表現をすることです。

つまり、「してはいけないこと（Dont's）をするな」でなく、「するとよいこと（Do's）しろ」を具体的、描写的に、そして前向きの気持ち、動機づけにつながるような言葉を使ってコーチングをすることが大切なのです。

たとえネガティブの否定型であっても、ネガティブな印象が脳に印象づけられます。コーチングは、望ましい結果をサポートするような表現で説明しましょう。

第6章　支援的コーチング

1　支援的コーチング

支援的コーチングとは

支援的コーチングは、先に述べましたが、コーチが双方向型のコミュニケーションを行い、効果的な質問を行い相手の意見をよく聞き、パフォーマンス向上に役立つ情報を引き出し(elicit)、気づきや自己評価を促し、サポートすることが主体になります。自分自身で問題を解決させることが主眼です。

また、自分で選択させ、本人に意思決定させます。したがってコーチには対象者の仕事に関する高いスキルや経験がなくとも行えます。したがって、パーソナル・コーチが行う方法はこの支援的コーチングの領域です。

さらにコーチと同等に近いかそれ以上の高いスキルや経験を持っている対象にも役立ちます。

引き出すフィードバック

引き出す(elicit)フィードバックとは、コーチが対象者に質問し現在の状態や行ったパフォーマンスについて質問し、気づきと自己評価を促し、問題や課題を確認させ、具体的な行動計画を立てさせる方法です。ＯＬＡＦを意識しながら質問し聴いていきます。

①　現在の状態／行ったパフォーマンスの探索

・現在の状態に関する事実情報の収集（質問）。自己評価によるスケーリング（点数化）を行う。

「今日はどうだった？」「今日の仕事は点数にすると１００点満点でどのくらい？」

「うまくいったことといかなかったことの2点について具体的に教えてくれるかな？」

「目標達成するという視点から今の状態はどんな状態？」「今日の仕事は、望ましいと言えるかな？」

②　問題の確認

・問題を確認する（受容的／共感的に聴く）さらに深堀して核心を探す。

「問題はなんだろう？」「何が障害になっているのですか？」

「どんな問題が考えられる？」「何が具体的な問題かな？」

「このままでいくとどうなる？」「他に問題はなんだろう？」

③　課題の設定

・主体的に関わる方向へ

「どうすれば問題は解決できますか？」

「解決のため、あなたがすべきことは何でしょう？」

「それは誰の問題ですか？　あなたの問題でないとして、あなたにできることは何かありますか？」

「具体的な課題は何でしょう？」

④　スモールステップ行動計画の策定

・簡単ですぐにできる具体的な行動計画を立てる。すでに上手くいっていることをもっと行う。
または、上手く行っていないことはやめ、違う新しいことをやってみる。

「次にできる小さな一歩は何でしょうか?」

「今、あなたは△点だけれど、プラス5点高めるため必要なことは何でしょうか?」

「私たちができる一番小さな一歩は何でしょうか?」

「小さな前進かもしれないけど、プラス5点から始めていませんか? 何ができそうですか?」

引き出すフィードフォアードとは

フィードフォアード(Feedforward)とは、目的や目標を先に設定し、その未来の実現のために現状の情報、リソースや障害を考えながら目標にいたるように行動を制御するやり方。フィードバックと比べ未来志向、プロアクティブな考え方です。

「より望ましい状態は」「もっとよくするには」

「何が目的なのか」「具体的目標は何か」「目標達成のためにどうしたらよいか」

① 望ましい状態を引き出す

・望ましい状態を確認する(相手から引き出す↓修正/具体化/強化)
「もっとよい仕事とはどんな状態?」「どうなったらより満足できる?」

「もっとよい状態とは?」「具体的な目標は?」

「より望ましい状態って具体的にどんな状態？」
②　未来のよりよい仕事について引き出す
「次回にもっとうまく行うにはどうする？」「もし○○の障害が起きたらどうする？」

「△△なお客さまの場合はどうする？」「もっと効率よくするにはどんな改善が必要？」

「トラブルが起きたらどう対処する？　トラブル予防にさらにできることは？」

具体的には、OSKARモデル・GROWモデルなどがあります。

2　OSKARモデルとGROWモデル

GROWモデルとは

コーチングの古典的かつ最も有名なモデルと言えるのがGROWモデルです。

「GROWモデルは、M・アレクサンダーがインナーゲーム著者ガルウェイの影響を受けたとも考えられている。

アレクサンダーによれば、当初彼は自分のコーチングプロセスを録音・録画し、第三者に分析してもらったところ一定の法則が見出され、それをGROWと名づけたのだという」。

そして、このモデルがウィットモアの著書「はじめのコーチング」の中で紹介されて広まったといいます。

す。

GROWモデルの基本プロセス

GROWモデルは、コーチングの基本プロセスを表す5つのキーワードの頭文字を並べたものです。

Goal　目標の明確化（どうなりたいのかを具体的にイメージ）

Reality　現状把握、現状評価（今どうなっているのか。現状を創り出したものは何か）

Resource　リソースの発見（使えるものは何か。人・物・金・時間、情報、経験 等）

Opptions　選択肢を見つける（複数の選択肢を探す。各々のメリットとデメリットを検討する）

Will　目標達成の意志の確認。5W1Hのあるプランをつくる

目標達成をしたいと思うならば、まず、目標を明確にすること、現状をしっかり把握することが大切です。これらを明確にできれば、その現状と目標のギャップ（問題）をどう決すればよいかということになります。

問題解決するために必要なのが、リソース、選択肢、意志、プランです。問題解決のために様々なアイデアが出た際、それらを限られた時間の中で優先順位をつけて実行計画を立てなければなりません。それが選択肢です。

Grow（成長）という単語にもなっているため、コーチングの理念によく適合している。GROWモデルに基づいたコーチングセッションでは、コーチはまずクライアントに日指す目標を尋ね、それを明確化していく。次にコーチはクライアントの現在の状況を買問によって明らかにする。3つ

目のステップでは、コーチは目標達成のために現在障害となっているものを明らかにし、解決のための選択肢をクライアントと共にブレーンストーミングなどを用いながら可能な限り出し、最も現実的でふさわしい選択肢を明らかにしていく。最後のステップでは、選んだ選択肢を具体的な行動に移すための行動計画をクライアントと共に練り上げていきます。

GROW モデルの資問例

Goal（目標）

「このセッションでは、どのようなテーマを話し合いたいですか？」

「あなたは何を達成したいと考えていますか？」

「それは最終目標 (end goal) ですか、成績目標 (peformance goal) ですか？」

「それをいつまでに達成したいですか？」

「それはどれくらいやりがいがありますか？」

Reality（現実）

「現在の状況を詳しく話してください（何が、いつ、どこで、だれが）」

「あなたのこの問題に対する関心はどの程度ですか？」

「この問題にあなた以外に影響を与えているのは誰ですか？」

「この問題の結果についてあなたはどの程度関与していますか？」

「これまでにどんな行動を取りましたか？」

「あなたの持っているリソース（資源）はどのようなものですか？」

「これ以外にあなたが必要だと思うリソースはありますか？」

Options（R）

「あなたの考えうる選択肢をすべて挙げてください」

「必要なアドバイスはありますか？」

「選択肢の利点と欠点を挙げてください？」

「ほかに何ができますか？」

「どの選択肢に最も惹かれますか？」

「どの選択肢があなたに一番満足感をもたらすでしょうか？」

Will（意志）

「どの選択肢を選びますか？」

「成功に対するあなたの基準と指標は何ですか？」

「それはあなたの目標と一致していますか？」

「目標の達成の妨げになりそうなものはありますか？」

「どうやってそれを克服しますか？」

「あなたを支援するために、私（コーチ）ができることはありますか？」

「合意した行動を取るにあたって、あなたのコミットは1から10のうち何点くらいですか？」
「10点になることの妨げになっているものは何ですか」

オスカー（OSKAR）モデル

オスカーモデルとは 解決志向アプローチをベースにしたコーチングモデルです。ポール・Ｊらによって開発されたモデルで、コーチングする上での ポイントを英語の頭文字で表したものです。引き出すフィードフォアードに関して、最近はもっぱらこのオスカーモデルを使っています。とくにGROWモデルにはない Scalでものさしをつくる方法がデフォルトで入っていて、これがとても使い勝手がよいのです。１００点満点でどれくらいの状態か聞き、プラス５点の進歩も肯定的に評価できるようになります。ここでは少し詳しく解説しましょう（図表６）。

Outcomes　コーチングのゴールを一緒に定義する
Scale「０から10、または０～１００」のものさしをつくる
Know-How　上手くいったノウハウ、リソース、スキル、特長（長所）探す
Affirm　肯定（ＯＫメッセージ）のスキル、リソース
Action　ノウハウを次の小さな一歩におきかえる
Review　何かうまくいった？　何か役にたった？　次はどうしようか？

さらに細かく説明しましょう。

Outcomes（成果、目標）

プラットフォーム（出発駅）＆理想の未来像

① プラットフォーム（出発駅）を築く

・問題から解決へのコーチがサポートすることへの合意をつくる。
・その進捗や実行を各人が自ら主体的に管理してもらう合意を得る。
・目標達成に関して、相手が困っている点に耳を傾け受容する。
・肯定的な面に焦点を当てる。
「全般的にみて、上手くいっていることはなんですか？」
・合意→解決しようとする意図→プラットフォーム
「あなたの助けになるようなアイデアを一緒に考えるため少し質問していいですか？」

「そして、そのアイデアを実行してみる準備はできていますか？」
＊問題を理解し共感を示すことは大切だが、問題に焦点を当て過ぎないように。

② フューチャーパーフェクト（理想の未来像）をつくる。

・その問題が消え去ったとき、状況はどんなふうになるのか（望ましい状態）のイメージを引き出す。
目標達成を阻害する問題 ↓ 解決（目標達成）のイメージ
・「どうなったら理想ですか？」「どうなったら満足な状態ですか？」
・理想の状態を詳しく想像しながら話せるように質問する。

「望んでいたことが上手く達成できたとします。どんなシーンが想像できますか？」
・視覚、聴覚、身体感覚、そのときやその後の自分や周囲の反応を想像してもらう。
「うまくいったときは何処にいて何をしてますか？」

「何が見えますか？」「何が聞こえますか？」

「どんな気持ちですか？」「心の中でなんて言ってる？」
＊できるだけ豊かに詳しく理想の状態を引き出すことが大切です。そして、それらにＯＫメッセージを送ってください。
「それは嬉しいですよね」「とってもよいですね」

Scaling（ものさしで測る）スケーリング

「１００点満点でいうと、０が最悪の状態、１００点が理想の状態を示しているとしたら、今は何点くらいですか？」

「今の状態から5点増えたとしたら、どうなっているでしょう？」

「Ａさんがこのものさしであなたを計ったら、どこになると言うと思いますか？　状況が5点アップしたとき、彼らはどうやってそれに気づくでしょうか？」
＊また、どのくらい自信や前進しようとする意志があるか、どのくらい本気で行動を起こそうとしているか等、他にもスケーリングは活用できます。

Know how　ノウハウを見つける（リソース：好材料、資源を探す）

解決志向のコーチングにおいてリソース（好材料）に焦点をあてることはとても大切なことです。過去、現在、未来からリソースを探します。

「あなたは、１００点満点で０ではなく△点はできているわけですが、どんなことが助けになっているんですか？」

「あなたは今、△点なのですね。何をすることで、ここまで到達できたのですか？」

「あなたの望んでいる成果（outcomes）が少しでも実現しているときはありませんか？」

「過去に似たようなことで上手くできたことはありますか？　何が上手くいく助けになったのでしょう？」

「あなたの中のどんな資質が、望んでいる成果の実現に役立つと思いますか？」

「組織の中のどこか他の場所で、それが実現しているところはありますか？　誰か他にもリソース（対処方法やアイデア）を持っていそうな人はいませんか？」

Affirm & Action（肯定と行動）

① アファーム（肯定）↓ＯＫメッセージを送る

・相手がすでに持っているリソースについてコーチがＯＫメッセージを伝えます。このことによりリソースは再確認・強化され、相手を勇気付けることにもなります。

「それはとても大切なことですね」「素晴らしいですね」「～は重要ですよね」

「努力されたんですね」「そういう気持ちが大事ですよね」

②　アクション（行動）

・すでに上手くいっていることをもっと行う。上手くいく可能性が一番高いし一簡単でしょう。
・または、上手く行っていないことはやめ、違う新しいことをやってみる。

「次にできる小さな一歩は何でしょうか？」

「今、あなたは△点だけれど、プラス５点高めるため必要なことは何でしょうか？」

「私たちができる一番小さな一歩はなんでしょうか？」

「小さな前進かもしれないけど、プラス５点から始めていませんか？　何ができそうですか？」

Review レビュー（振り返り）

アクションの実行、そのことよって起こっている変化について聴く。

「何が前よりもよくなっていますか？」

「何をしたことが、その変化を起こしたのでしょうか？」

「その変化によってどんな影響がありましたか？」

「次はどのような望ましい変化が期待しますか？」

「うまくいかなかったとしたら、次に何ができますか」

〔図表6　オスカーモデルを応用したコーチングの流れ〕

話し合いの合意を得る 例「～さんの～について話をしたいんだけど、いいかな？」
↓
現状の問題について聞き受容する(OKﾒｯｾｰｼﾞ) 例「～に関して現状や考えられる問題を教えて。」
↓
一緒にその解決のｱｲﾃﾞｨｱを考え実行する合意を得る 例「その問題解決のために一緒に考えて、役立ちそうなアイディアが出てきたら実 行してくれるかな？」
↓
O アウトカム　問題が解決された(目標達成した)シーンをイメージしてもらう 例「どうなったら理想ですか？」
↓
S スケーリング 例「その理想が100点満点であるならば、今は何点くらい？」
↓
K　リソース：好材料、資源を探す 例「あなたは、100点満点で０ではなく△点はできているわけですが、どんなことが 助けになっているんですか？」
↓
A ｱﾌｧｰﾑ(肯定)→OKﾒｯｾｰｼﾞを送る 例「努力されたんですね。」
↓
A　ｱｸｼｮﾝ、ｽﾓｰﾙｽﾃｯﾌﾟ行動計画を立てる 例「今、あなたは△点だけれど、プラス5点高めるため出来ることは何でしょうか？」
↓
R レビュー　振り返り　実行や変化にもＯＫメッセージを 例「何が前よりも良くなっていますか？」

オスカーモデルの実践にあたって大切なのは解決のイメージを引き出すことです。それは、対象者自身が望んでいる、よりよい状態や、快適な状態、望ましい結果についてのイメージです。

コーチングの対象者は、悩みや問題に気持ちを奪われてしまっていることも多く、また問題を掘り下げることが習慣化している場合もあります。

自分にとっての望ましい状態が何なのか、どうなりたいのかについて明確に捉えていないことが多いものです。理想のシーンを具体的にイメージ化し、リソースを見つけることが大切です。

第7章　コーチングの実践例

1　上司と部下が期首に今年度の目標設定をする場面

期首に実施される目標設定、目標管理の面談では、お互いにわかるように数値化して目標を設定する。

進め方は人によって異なる。期首に施される目標設定の面談は、多くの会社でも行われているでしょう。まず、会社全体の目標が設定され、部の目標設定、課の目標設定、そして個人の目標設定となっていきます。

目標管理の面接は重要です。といって、あまり気張らなくてもよいのですが、これから大切なことが始める、達成に向けてスタートするという、心地よい緊張感が適度にあったほうがモチベーションに繋がります。この段階でコーチは目標設定によって具体化される上位概念といったものを伝えていきます。この段階で目標設定に具体化される上位 概念といったものを伝えていきます。

このとき、コーチがメンバーへの期待を伝えることからはじめる場合もあれば、コーチ が個々のメンバーに、その年の抱負や課題、どんな目標設定をもっているかを聞く場合もあります。人によって変えて、一律でないほうがよいでしょう。

目標設定は、お互いわかるように（共有化できるように）数値化して目標を設定していきます。数値化しにくい仕事であっても、なんらかの達成課題を設定できるようにしていくのは、コーチの裁量でもあります。いずれにしても、コーチは、個々のメンバーの目標設定が上位概念にかなっている方向に修正していきます。また、目標と実行計画は別に考えたほうがよいでしょう。

ここでは、コーチ側が、部下の目標設定を聞くことからはじめるシーンを想定してみます。

「次期の目標設定について話してください」

「目標は1億5000万円としました。特に新規獲得には力を入れて前期比15％アップとします」

「全社方針の新規 客獲得についても考えられていますね。チャレンジしがいのある目標ともいえますが、具体策を話教えてください」

「ぼくが担当しているA社の売上見込みが5000万円、B社が4000万円、C社が2500万円、D社が2000万円で、残りの部分は昨年から営業をかけている3社のうち2社から1500万円と考えています」

「なるほど、不可能な数字じゃないね」

「でも、正直いうと、少しきついかなと思っているんですが…」

「少しきついと思ってるんだ。どんなところが問題だと思うのかな」

「A社の去年までの窓口担当が代わって、今度の人はかなりこちらへの要求が厳しくて…。他社へ乗り換えるようなことも匂わせてくるんです」

「そうですか。他のところが問題ないとしたら、A社の営業戦略について、一緒に検討してみよう。君が一番ネックになるだろうと思っていることはどんなことかな？」

「いくつか考えられますが、やはり、価格面ではないかと思います」

「価格面ですね。どの位だったら、先方は納得してくれると思う？」

「そうですね。現在の納入価格の５％減であれば、問題ないと思いますが」

「５％か。値下げの要望は、現段階ではちょっとむずかしいな。A社の売上が落ちたときの対応策を考えてみよう。君が顧客だったら、ウチの商品のよさはどこだと思う」

「コンパクトで、軽量で、耐久性に優れているところでしょうか」

「そうだね。品質面では十分、競合商品に勝っているな。新規顧客にそのあたりを強くアピールして、新規分を増やすことはできないかな」

「ぼくも、そのことは考えているんですけれど」

「具体的には？」

「実は、こんなふうにまとめてみたんですが（営業戦略案をまとめた企画書を見せる）」

「うん、よくできているよ。この３点目の所、もう少しインパクト強くならないかな？」

「やはり、そこがポイントですよね。でも、中々よい考えがこれから先は浮かばなくて」

「技術面はぼくより部長のほうが詳しいから、技術的な説得材料は部長に聞いてみるとよいかもしれない。何かよいヒントが貰えると思うよ」

「部長ですか。ちょっと苦手なんですよね。近づきがたい雰囲気があって」

「そうか。じっくり話してみるとそうでもないんだが。いいよ。ぼくから、君の相談に乗ってあげてくださいと話を通しておくから」

「そうしていただけると助かります。部長の都合のいいときに話をさせていただきます」

「大筋としては君のプランでいいと思う。来週の火曜日までにもう一度、ブラッシュアップしたものを見せて貰えるかな」

「はい。少し自信が沸いてきました。ありがとうございました」

目標設定のコーチングは、一緒にプランづくりをすることから始まります。プランを立てるのは、相手側です。コーチはサポート役に徹して、方向性を示唆してあげましょう。

目標を設定するときは、最終目標に一直線に進むよりも、小さな目標（スモールステップ）を設定していくようにします。やはり、プランは５Ｗ２Ｈを明確にしていくことが基本です。

大事なことは、プランニングの前に、プレプランニングをすることです。事前の十分な準備で、不都合な結果を未然に防ぐことができます。

よいプランは、起こりうる事態をちゃんと予測しています。コーチは、相手が対処できると思っているか、できないと思っているか把握しておく必要があります。そこで、いろいろな質問を投げかけてみます。あくまで相手にアイデアを出させる、立案させるようにしていきましょう。

そのためにも、普段から部下の仕事を観察し、STAR コンセプトについて OLAF を使ってコミュニケーションをとり、情報を集め、修正フィードバックや肯定フィードバックを与えておくことが大切です。

2　セールスマネジャーが部下に同行する場面

業績向上と部下育成のためには、プレコール（事前準備）とポストコール（事後検証）をしっかり行うことが大切。プラン・ドウー・チェックを入念に。

同行セールスのコーチングでは、同行の目的は何か、その日に達成するゴールをどこに想定しているか、考えられる障害は何か、ということを、事前にプレコール（事前準備）しておくことが大事です。つまり、出かける前のやりとりをしっかりやっておくということです。どちらが、どういう役割を演じるかといったことも含めて、コーチを受ける側か同行セールスをどのようにプランニングしているかをきちんと聞いて、確認と合意を得ます。

プレコールで聞くことは、だいたい次のようなことです。引き出すフィードフォアードを意識して聞きます。

「きょうの目的は何？」

「きょうの達成ゴールは何だろう？」

「どのくらい時間をかける？」

「どんな資料を用意した？」

「先方からどんな言葉が出てきたら、最高かな？」

「先方のニーズはなんだろう？」
「予測される懸念材料はなんだろう？」
「先方の予測される反応はどんなことかな？」
「○○といわれたら、どのように対応する？」

といったことを、相手に言わせて、「じゃ、ぼくがお客さん役をやってみるから、ちょっとロールプレーをやってみようか」と簡単でもロールプレーを試していきます。お客様役を他のメンバーにやってもらい、２人のやりとりをコーチが観察し、与えるフィードバックや引き出すフィードバックを行う方法も有効でしょう。

また、事前にプレコールでメンバーのスキルや経験、習熟度に合わせ「ぼくは何をしたらいい？」ということを決めたら、訪問先ではその役割以上のことをコーチ役はしないようにしましょう。コーチ役がすべきことは、本人に主導権を与え、彼のやりとりを温かな目で観察することです。コーチ役が前面に出れば、商談をものにすることはできるかもしれませんが、本人の面子をつぶして、伸びる芽をつみとってしまうことにもなりかねません。

コーチは練習の場面で役立つのであって、本番でプレーするのはあくまでプレイヤーです。

そして、忘れてならないのは、ポストコールです。同行セールスが終わったあとの引き出すフィードバック、与えるフィードバック、プラン・ドゥー・チェックです。

ここでは、同行セールスしたあとのポストコールのシーンを想定してみましょう。

会話例

「今日はお疲れ様。よくやったね」

「今日は同行、ありがとうございます」

「さっそくだけど、今日うまくいった要因は何だと思う？」

「今日の目標は、企画提案書を先方の役員に読んでもらうことでしたから、目的は一応果たせたと思います」

「一応、果たせたと思うんだね。点数にすると、１００点満点で何点くらいだったと思う？」

「そうですね。自己採点すれば75点位だと思います」

「75点ですね。どんなところが75点で、不足分の点はどんなところかな？」

「75点分は、企画提案書のできばえがその位かなということと、プレゼンテーションでこちらの意志を的確に伝えられたことですね」

「そうですか。それでは足りない25点はどんなところかな？」

「予想したとおり、価格面で突っ込まれましたが、事前の打ち合わせで確認したように価格面のネックを付加価値のほうに置き換える代案を用意しておいたのですが、予算ありきの話を持ち出されると、あの資料がいまひとつ説得力がなかったかなと」

「たしかに、価格のところで先方の営業部長は渋い顔をしていたけれど、代案には興味を示していたようだよ」

「あの場面で、課長が一言サポートをしてくれたので助かりました」

「いや、今日の同行では、あのような場面でサポートするということだったからね」

「プレコールをしっかりしていたので、気分的にはずいぶん落ち着けました」

「ぼくが気がついたことを言ってもいいかな」

「ええ、今日のぼくは課長から見て、どうでしたか？」

「まず、君のプレゼンの態度、話しぶりは堂々としていてよかったと思う。ああいう態度は説得力を高めると思う」

「改善点は、代案の説明のときの急に早口になったところかな、最初と同じ態度で自信をもってゆっくり話したほうが相手も落ち着いて聞けたと思うな」

「やはり、そうですか。先方の部長もそう感じたでしょうね」

「でも、君の熱意と先方のメリットを考えた姿勢は十分伝わったと思うよ。次回までにすべきことはどんなことがある？」

「代案の資料を充実させることですね。ぼくの説明で先方が身を乗り出したような所が２か所位あったので、そのあたりの事例を強化するなどして、再度チャレンジしたいと思います」

「そうだね。ぼくもそう思うよ。また、何か起こるわからないから、別の商品の提案も考えておいたほうがいいかもしれないね」

「となると…、価格的に商品Ｂあたりになりますね。そちらも提案書を検討してみます」

「念には念を入れておいたほうがいいからね。クロージングの時期もイメージしておこう。それと、今日、君は75点だと言ったけれど、ぼくの評価では、85点はいっていたと思うよ」

同行セールスのポストコール（事後検証）は、あくまでもその日、目標としたゴールに達成したかどうかという観点から話を聞いていきます。単に「今日はどうだった」ということではなく、きちんと終わったあとのチェックをしておきます。もちろん、ＯＫメッセージも忘れないようにします。

引き出すフィードバックから、引き出すフィードフォワードを行います。

ポストコールで大事なことは、ゴール達成の確認だけでなく、パフォーマンスの改善と向上、そして次の課題につなげる質問をしておくことです。

次回のパフォーマンス向上、次につなげることをもっと確実にするためには、どうしたらいいか相手に考えさせます。

そして、次のステップへのイメージを共有化していきます。

同意と確認をとりながら、できれば、問題の共有意識を高めるために、「君のいったことは大事なことなので、記録しておくけどいいかな」とメモをとっておくとよいでしょう。それは言葉に責任をもたせるとともに、期待の気持ちを伝えていくことにもなります。

そのとき「最後の詰めの重要さ」に対して「実は、ぼくも90％以上うまくいっていたのに、最後の詰めで失敗したことがあってね」と、自分の失敗談をしてもよいでしょう。

3　その期の成果・業績について面談する場面

その期の成果・業績に関わる面談では、最初に自己評価を聞き、次にコーチ側の評価を正しく公正に伝え、次の目標設定につなげていきます。うまくいった、いかなかった理由を考えさせる。

成果についての面談は、その期の仕事や働きぶりに関して、うまくいったこと、うまくいかなかったことを事実に基づいて分析、検証する、お互いが確認し合う時間です。お互いが学を得るときでもあります。

終わりの日であると同時に、新たなスタートの日でもあります。次に結びつけるようにいい終わり方をして、承認、完了する日であることも伝えるようにします。その目的を相手に言わせて、確認させるといいでしょう。

「今期、君がつくり出しかものは何？　君のほうから言ってくれないかな」

「どういうところを評価すればよいかな？」

「君は自分自身の評価に関してどう思っている？」

というようなことを本人に言ってもらいます。

うまくいったことの原因をちゃんと考え、うまくいかなかったら、これからうまくいかせるための課題や行動計画を考えてもらいます。

どうしたらうまくいくか考えた、そこで次にいけるわけです。たまたま、うまくいったのではなく、うまくいくだけのことをきっとやってきたのです。それを検証し成功体験から学ぶことも大切です。

いいポストコールは、いいプレコールになります。フィードバックからフィードフォアードにつながるのです。ポストコールが完了した段階で「君の次の能力開発目標は何かな?」、「次はどんな具体的目標設定になるの?」「そのために何から始める?」というふうに入っていけます。このサイクルを回していくことで、コーチングの成果もスパイラルアップしていきます。

〈具体例〉

「今日は時間をとってもらって今期の振り返りをしますね」

「ええ、今期の私の業績評価をするということですね」

「そうなんだ。今期をふり返って、まず君に自己評価をしてもらいたい。うまくいったことと、うまくいかなかったことに分けるとどうなるかな」

「うまくいったと思うのは、5%ほどですが、数値目標をクリアできたことです。それと自己開発の目標の1つであった資格試験に受かったことですね」

「数値目標を達成してくれたことは、ぼくも確認したよ。お疲れ様。で、うまくいかなかったことは何かな?」

「全体的な自己評価で言えば、矛盾するようですが、数値目標については密かに20％クリアを狙っていたので、それを達成できなかったことです。各論で言えば、課長への報連相が少しすくなかったことと、N社が6月に外資系の会社にM＆Aをかけられて、S社の事業戦略の転換にうまく対応できなかったことでしょうか」

「そうか。数値目標については、君自身の自己発奮材料の意味合いもあったのだろうけれど、今回の数字は十分賞賛に値すると思う。ぼくとの報連相は、ぼくも出張が多くて時間をとれなかった分もあるけれど、もっとコミュニケーションをとることは課題の1つではあるね。N社の件については、まったく予期しない事態だったので、すべて君の責任だと考えなくてもいいだろう」

「ありがとうございます。N社も少しずつ商談の機会は増えてきています」

「うまくいったことについて、どんな点よかったと思っているか具体的に聞かせてもらえるかな？」

「今年は、プレゼンテーションの充実を目標の1つにあげていましたから、その意味ではかなり密度の濃いものができたと思っています。特にマーケ部門と連携して市場調査に力を入れ、それをうまく反映させたことが功を奏したと考えています。それと営業訪問の回数も意識的に増やしたことで、取引先とのリレーションがよりスムーズになりました」

「プレゼンの内容に関しては、ぼくも意見をいわせてもらったが、よいものができたと思う。それで、ぼくから1つ改善してほしいと思っていることがあるんだ」

「はい、なんでしょうか？」

「確かにプレゼンの内容はレベルアップしたと思うが、ときどき君の独走しがちなところが気になっていたんだ。君の目標は課の目標でもあるのだから、社内のグループ・プレゼンテーションの場での説明というか、説明責任の部分について改善の余地があるね」

「そうですか、そのことはあまり考えたことがありませんでした。ついつい数字のことが頭にあって、今考えると、他のメンバーとの情報の共有よりも、商談を優先しがちなところがあったと思います」

「君はうちの課の中核だから、率先して業績を上げようという気持ちはよくわかるよ。そして、さらに若手の育成も君の今後のキャリアを考えると大切だと思う。君にプレッシャーを感じている若手もいるようだし」

「気づいたことは教えてあげるようにしているんですが、言いたいこと言ってるんで厳しく感じてるのかな」

「君は単刀直入にズバズバいうほうだからね（笑）、それが君のよさでもあるんだけれど」

「どうも育成については、少し考えてみます」

「それと残業時間がかなり多くなっているね。あまり無理をすると体をこわすぞ。人に任せないで何でも自分でやってしまうことも、マネジメントと関連してくるんだよ」

「部下に任せるよりも、自分でやったほうが早いもので…」

「部下への仕事分担は、プランニングの段階で検討できると思うよ。ぼくからの要望はそんなところだ。ということで、今日の話も含めて、次の目標について聞かせてくれないか」

最初に自己評価の話を聞きます。自己評価はできるだけ具体的に、描写的にしてもらうように聞いていきます。

自己評価は自己再確認にもなります。そのあとで、コーチとして、与えるフィードバックを行う必要があります。検証の場ですから、コーチ役の評価を具体的に、公正に伝えます。そのためには、日頃からの観察が十分でなければ、ほめ言葉か叱責の言葉くらいしか出てきません。

終わったことを評価するというのではなく、相手のパフォーマンスを改善し、次の目標設定を自発的によりレベルの高いものにしていけるよう課題を形成し、次につなげていくようにします。

いい質問をして本人に考えさせる

ますます変化のスピードが増していく時代では、自分で考えていくことが、とても大切になってきています。

これまで主流であった指示的コーチングで「あれをやりなさい、これをしなさい」というやり方は、未習熟な相手にもわかりやすく、ある意味ではすばやく対応ができ、スピードが強化される側面がありますが、言ったこと以外はやらない指示待ち人間をつくり出してしまうかもしれません。

支援的コーチングを導入することで、双方向のコミュニケーションが生まれます。意思伝達が一方通行の企業は、いわゆるリーダーシップの強い人、カリスマのような人がいると動いていていきます。

しかし、そうした人がいなくなったら、だれも考える人が いなくなります。その企業は動いていても、組織の活性化とはいえません。

支援的コーチングというのは、いい質問をして、本人に考えさせせる、「どうしたらいいのだろう」といろんな選択肢をイメージさせる、「あれをやったらいいんじゃないか、でも、あれをやるとこうなるな」と解決策を自ら検討しはじめる、そうした過程から自分で考え選択して最善と思われる選択をしていくことを支援する作業でもあります。

だから、コーチングは、いったんはじめたら根気よくつづけることが何より大事です。そのためには、何のためにやっているのか、これがどこにつながっていくのかという向かうべき目的を意識させせなければなりません。

目的を失ってしまったら、こんなことがほんとうに役に立つのか、何につながるのだろうかと、疑い出します。

しかし、結果が出ないときこそむしろコーチングが必要なのです。いいときはコーチはいらないわけですから、うまくいっていない、もっと習熟していかなければいけないというプロセスの中にコーチングがあるのです。

少しずつ小さな変化を承認していく

たとえうまくいかなくても、やったことの手応えを感じることはできます。

そのときには、成果には2つあると考えてみましょう。結果と質、内容、プロセスの変化です。たとえば、ダイエットをしても、いきなり理想の体重になるわけではありません。でも、目標とする体重に向かって暴飲暴食を避け栄養バランスの取れた食事、規則正しい生活、継続的な運動などの行動することで、肌のつやがよくなるとか、お通じがよくなるとか、結果につながるプロセス、生活の質のよい変化というものが出てきます。

同様に、コーチングを受けると、今まで売れなかった人がいきなりトップセールスになるという話ではないのです。

コーチングを受けることによって、マネジャーと部下との間の人間関係が「けっこう話を聞いてくれる」、「こいつもこういう面があったんだな」というように、お互いにもっと身近に感じられるようになったり、仕事に対するモチベーションが高まり、より建設的に仕事に取り組む態度が生まれるかもしれません。

それらのプロセスの小さな変化をちゃんと承認していくことがとても大事になります。

コーチとコーチされる側ともに、そのよりよい変化を1つひとつ確認していく、どんな小さな変化でも肯定的なことを、お互いに承認し合う、認めていく、それがコーチングの作業でもあるのです。

しかし、ある程度コーチングをしても成長、改善の兆しが見られないときには、肯定的なことを探すことがとても大事になってきます。

成長、改善の兆しということを、表面的にとらえるのではなく、ほかに波及しているものはないか、そこから起きている肯定的なことを深堀して質問したり、より観察をしたりして探す必要があります。

コーチングをはじめると、結果を急ぐあまり、「勝てるようにならないじゃないか」、「売上が上がってこないじゃないか」と、成果が全然見えてこないといった話をよく聞きます。

しかし、いくつか質問してみると、たとえば「ノートをとるようになった」「自分の意見をきちんというようになった」という反応が返ってくることがあります。少しずつではありますが、成長、改善の兆しが見えてきているのです。

まったく止まっている状態から動きが出てくると、動き出そうとすると失敗するということは起きてきます。失敗しても成長へ向かっているということを承認していく必要があります。

むしろ、それなりの失敗の経験も必要でしょう。それは、ほんとうは失敗ではなく学びなのです。健全な成長の過程にともなう成長痛のようなものだからです。

まとめ

・コーチングは、よい質問をして、本人に考えさせ、自分で選択して、その時点で最善と思われる最適解を見つけられるようになることを支援する作業。
・小さな変化、成長、改善の兆しを見つけて確実に承認していく。
・思ったような結果が出なくても、コーチもプレイヤーも自分を責めない。
・コーチングノートをつけると効果的。
・いつも目的をもって、準備を怠らない、希望を失わないＨＯＰＥ＊人間をつくることもコーチの役割。
・目標設定のコーチングは、一緒にプランづくりをすることからスタート。プランを立てるのは、あくまで本人。コーチはサポート役に徹する。
・セールスの成否はプランニングが左右する。業績向上と部下育成のためには、プレコール（事前準備）とポストコール（事後検証）をしっかりやること。
・成果・業績に関する面談では、最初に自己評価の話を聞き、次にコーチ側の評価を具体的に公正に伝え、パフォーマンスの改善と次の目標設定につなげていくことです。
＊ＨＯＰＥ人間とは「Have Objective Prepare Everytime」の頭文字をとったものです。いつも目的をもって、準備しているということです。ホープはもちろん希望に通じています。希望をもって生きている、いつチャンスがきてもいいように希望をもって準備している人間が、ＨＯＰＥ人間です。

おわりに

コーチングを学び実践する中で、いや、すべての人間関係の中で、ぜひ覚えていて欲しいことがあります。それは、「ゲーム」をしない、していることに気づいたら「ゲーム」をすぐに止めるということです。

心理学では、人間関係の中で、同じパターンを繰り返し、なぜか、やめられない、非建設的な関係を「ゲーム」と呼んでいます。

一般にゲームと勝ち負けを争うことを意味しますが、それを人間関係の中で行うのが「ゲーム」です。どちらが上か下か、強いか弱いか、正義か不正義か、迫害者か被害者かを争う関係です。マウントの取り合いもこれにあたります。これは信頼関係やパートナーシップとは正反対ともいえるものです。

企業やスポーツチームを指導して、よく「悪いあの人、かわいそうな私」ゲームに出会います。勝っている、うまくいっているときはいいのですが、負けが込んでくるとこのゲームが始まり、ますますチームの雰囲気は悪くなり、さらに勝てなくなるという悪循環に陥ってしまうのです。

お互いが「あいつの責任だ」「悪いのはあいつだ」「自分はかわいそうな被害者だ」と原因や責任を追求し非難するのです。結局、自分の責任じゃないということを言い、そこで終わりなのです。問題志向です。原因や責任探しばかりしていると、自分にできることを放棄してしまいます。

大切なのは、問題が起きたら「これは誰の責任か」とかいうことではなくて、「私に何かできるか」ということです。「過去と他人は変えられない、変えられるのは自分と未来」という言葉があります。これは解決志向です。これがＨＯＰＥ人間です。

「私には責任はない、悪いのはあの人だ！」「何も自分にはできることはない」と考えないで、現状や問題の原因や責任でなく、どうしたら状況が少しでもよくなるか。自分にできることはないかを考えてみることです。大それたことでなく、スモールステップ行動計画ならば、何かしら「私にできること」が見つかるはずでしょう。私たちが考えなければならないのは、「私にできることは何か」「どうしたら少しでもよくなるか」という自分ができる建設的な行動なのです。

コーチングを学び実践する者にはぜひとも忘れないでいて欲しいと思います。

高橋　慶治

著者略歴

高橋　慶治（たかはし　けいじ）

立命館大学大学院　経営管理研究科　専任教授

1961年横浜生まれ。産業能率大学（経営情報学）、駒沢大学大学院修士課程（心理学）、人間総合科学大学大学院修士課程（心身健康科学）修了。柴田クリニック（神経科）臨床心理士、株式会社脳力開発研究所研究員、株式会社ヒューマックス取締役、株式会社アイワークス代表を経て、現在、立命館大学経営大学院教授、合同会社人間開発研究所代表。天台寺門宗準教師。日本女子プロゴルフ協会新人教育講師、サンフレッチェ広島メンタルコーチ、JOC（日本オリンピック委員会）強化スタッフなどを歴任。
85年にヒューマングロウスセンターの吉本武史先生より現代催眠とNLPを学ぶ。96年にR・バンドラー博士のNLPトレナートレーニングを受講。J・グリンダー博士からニューコードNLPも学ぶ。T・コンドン氏よりエニアグラムを学ぶ。有名企業等でのエニアグラム指導は1万人以上。マインドフルネスを正規の大学の授業で初めて開講した。スポ1ーツ、企業、学校教育など幅広い分野で、心理学、行動科学、健康科学からのコンサルティング、トレーニングを行っている。

高橋慶治のブログ　https://ameblo.jp/keijitakahashi

確実に成果が出る！　職場を活性化する部下育成コーチング

2020年4月2日　初版発行

著　者　高橋　慶治 ©Keiji Takahashi

発行人　森　忠順

発行所　株式会社 セルバ出版
〒113-0034
東京都文京区湯島1丁目12番6号 高関ビル5B
☎03（5812）1178　FAX 03（5812）1188
https://seluba.co.jp/

発　売　株式会社 創英社／三省堂書店
〒101-0051
東京都千代田区神田神保町1丁目1番地
☎03（3291）2295　FAX 03（3292）7687

印刷・製本　モリモト印刷株式会社

Printed in JAPAN
ISBN978-4-86367-565-0